Anastasia Zampounidis

FÜR IMMER ZUCKERFREI

Meine Glücksrezepte

Fast Food noch Käsekuchen esse. Da habe ich sogar so manches in petto (siehe zum Beispiel auf Seite 117 und 198), also nicht nur Aprikosen-Glückskugeln und Dattelpralinen, deren Rezept ich bereits in meinem ersten Buch verraten habe. Denn seit ich den Industriezucker von meinem Speiseplan gestrichen habe, kommen die Signale meines Körpers und meiner Gefühle wieder bei mir an, sodass ich spüre, welche Lebensmittel ihn jetzt *wirklich* wieder aufbauen. Das klappte natürlich nicht auf Knopfdruck, sprich nicht von heute auf morgen oder übermorgen, aber mit der Zeit entwickelte ich wie von selbst ein Gespür für meine jeweiligen Bedürfnisse und die passenden Rezepte. Außerdem habe ich dank meines zuckerfreien Lebens Trost viel seltener nötig, weil ich kaum noch Stimmungstiefs habe.

Früher kannte ich nur ein Rezept gegen Niedergeschlagenheit, Wut, Furcht oder Nervosität: Süßigkeiten. Und war ich happy und aufgekratzt, musste ebenfalls etwas Süßes her, gewissermaßen als Sahnehäubchen obendrauf. Mittlerweile habe ich allerdings verstanden, dass ich mit dem Süßkram nur eines bewirkte: einen verstopften Kommunikationskanal zwischen meinem Körper und meinen Emotionen. Ein klebrig-zäher Zuckerklumpen blockierte den freien Austausch, und der Lebensmotor geriet ins Stocken. Ich wurde schwerfälliger und jedes noch so kleine Hindernis zu einem nervenaufreibenden Problem. Ich glaube, ich wachte damals regelmäßig mit einem schweren Seufzer auf und schlief nachts mit einem erschöpften Seufzer ein. Sie glauben gar nicht, wie sehr ich es genieße, wieder unbeschwert ein- und durchschlafen zu können und (fast) jeden Morgen mit einem freudigen Gefühl im Bauch die Augen aufzuschlagen.

Aus meiner Sicht gibt es in Sachen »richtige Ernährung« eigentlich nur einen Lehrmeister: den eigenen Körper. Deshalb folge ich auch nicht diesem oder jenem Zuckerfrei- oder Low-Carb-Konzept, sondern habe meinen ganz eigenen Ernährungsplan entwickelt: Ich höre auf meinen Körper, nehme wahr, was ihm wohltut und was er ablehnt (Sahnetorte am Abend zum Beispiel bescherte mir nachts böse Albträume). Dass er kein Zuckerfreund ist – was übrigens nicht heißt, dass er keine Naschkatze ist –, wundert auch Sie bestimmt nicht mehr, wenn wir den Industriezucker erst mal näher unter die Lupe genommen haben.

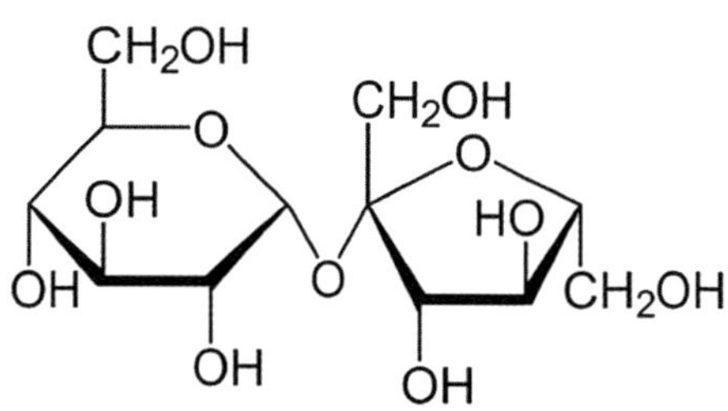

So sieht sie aus, die chemische Strukturformel von Saccharose, auch Haushalts- oder Kristallzucker genannt. Ziemlich sperrig, oder? Noch vor 200 Jahren war »freier« Zucker – im Gegensatz zu dem natürlichen (»gebundenen«) Zucker in Getreide, Gemüse und vor allem Obst – ein kostbares Gut und jedes Praliné somit Luxus pur, den sich die breite Bevölkerung gar nicht leisten konnte. Und so mögen die Menschen damals zwar alle denkbaren Krankheiten gehabt haben, jedoch selten Diabetes mellitus oder Herz-Kreislauf-Erkrankungen. Erst als der industriell hergestellte Zucker mit Pauken und Trompeten bzw. Zuckerrohr und -rüben im 19. Jahrhundert Einzug hielt, nahm das Drama seinen Lauf und hat mit dem aktuellen Maissirup-Boom seinen vorläufigen Höhepunkt erreicht. Maissirup (Isoglukose oder auch Fructose-Glukose-Sirup) steckt in immer mehr Softdrinks, Joghurts, Saucen, Puddings und sogar in Brot, weil er ebenso preiswert wie einfach herzustellen, gut zu verarbeiten und eine wahre Süßbombe ist. Und nachdem die EU im Oktober 2017 sowohl die Zuckerquote als auch die Handelsbeschränkungen für Isoglukose gekippt hat, dürften in wenigen Jahren noch mehr Menschen mit einer Fettleber und ihren Folgen (Schlappheit, Blähungen, Übelkeit bis hin zu Fettleber-Hepatitis und Leberzirrhose) zu kämpfen haben. Denn die Leber kommt mit dem süßen Teufelszeug auf Dauer genauso schlecht zurecht wie mit übermäßigem Alkoholkonsum.

Unsere natürliche Neigung, süße Nahrungsmittel zu bevorzugen und Bitteres zu verschmähen, wird von den Lebensmittelkonzernen und ihren Marketingstrategen schamlos ausgenutzt, denn unser Gehirn liebt Zucker und beschenkt uns dafür mit guter Laune. Doch während das Glücksgefühl nach dem Genuss süßer Früchte lange anhält, sorgt Zucker- und Sirupkonsum in Form von Gummibärchen, Schoko- oder Müsliriegel für einen kurzfristigen Rausch, gefolgt von einem umso lausigeren Siebentageregenwettertief und einer Heißhungerattacke. Als rasches Gegenmittel wird dann flugs die nächste verlockende »Ose«-Dosis verputzt. Die Leber ächzt, die Süßwarenhersteller freut's.

Kennen Sie das auch: Sie haben sich gerade den Bauch mit einer Hawaii-Pizza oder einem Cheeseburger vollgeschlagen und bekommen schon wieder »Hunger«, vor allem auf Schokopudding oder Kartoffelchips? Verantwortlich dafür ist zum einen die trickreiche Fruktose (Lassen Sie sich bloß nicht von der Übersetzung »Fruchtzucker« vorgaukeln, das sei gesunder, weil »natürlicher« Zucker!): Gerade will das Hunger-Hormon Ghrelin unserem Gehirn die frohe Botschaft übermitteln,

dass wir satt sind, da funkt die Fruktose dazwischen, und unser gutgläubiges Hirn muss davon ausgehen, wir seien immer noch hungrig.

Die andere Ursache für Heißhungerattacken ist ein hochgeschnellter Blutzuckerspiegel. Der Blutzucker (also der Glukoseanteil im Blut) versorgt unsere Zellen – allen voran die in unserem Gehirn – mit wertvoller Energie, weshalb wir dafür sorgen müssen, dass er in ausreichendem Maße vorhanden ist. Jedes einzelne Kohlenhydrat, das wir über die Nahrung zu uns nehmen, wird von fleißigen Enzymen im Magen-Darm-Trakt in den Einfachzucker Glukose (Traubenzucker) umgewandelt. Indem die Glukose nun über den Dünndarm ins Blut gelangt, steigt der Blutzuckerspiegel. Das wiederum ist für das Bauchspeicheldrüsen-Hormon Insulin das Signal, sich bereit und an die Arbeit zu machen: Der Insulinspiegel steigt also ebenfalls – je nach Bedarf mehr oder weniger stark –, und dann hilft das Insulin dem »Treibstoff« Glukose dabei, in die Zellen zu gelangen. Ist die meiste Glukose in den Zellen verschwunden und der Blutzuckerspiegel somit wieder auf Normalniveau, sinkt auch der Insulinspiegel, weil ja nun kein Insulin mehr benötigt wird. So weit, so großartig.

Dummerweise gibt es aber die »leeren« Kohlenhydrate, die den Zellen kurzfristig Energie, dem Körper aber keine wichtigen Nährstoffe liefern. Diese Kohlenhydrate lassen sich nicht nur superschnell in Glukose zerlegen, sodass der Blutzuckerspiegel ruckzuck in die Höhe getrieben wird, sondern sie verschwinden auch im Nu in den Zellen mit der Folge, dass der Blutzuckerspiegel genauso schnell wieder abfällt. Und je schneller der Blutzucker nach dem Essen wieder sinkt, desto größer unser Bedürfnis nach Nachschub. Voilà: der Heißhungereffekt. Darum lohnt es sich, einen weiten Bogen um diese »leeren« Kohlenhydratlieferanten zu machen. Neben den bekannten Ose-Monstern gehören dazu insbesondere alle Weißmehlprodukte. Den Tag mit einer Marmeladensemmel zu beginnen ist also keine so gute Idee ...

Und was passiert, wenn nach dem Verzehr von zwei Stücken Weihnachtskuchen und einer Tasse heiße Schokolade mehr Glukose im Blut vorhanden ist, als die Zellen benötigen? Dann kommen Leber und Muskeln ins Spiel: Sie wandeln den Einfachzucker Glukose in den Mehrfachzucker Glykogen um. In dieser Form wird Glukose für den späteren Bedarf gespeichert. Das funktioniert aber nicht unbegrenzt, weshalb die überflüssigen Kohlenhydrate aus dem abendlichen Gänsebraten mit Klößen und der Crème brûlée in Fett umgewandelt und im Fettgewebe abgelagert werden.

Das passiert natürlich auch, wenn wir zu viele »gute« Kohlenhydrate zu uns nehmen. So würde ich zwar niemals Vollkorngetreide und Kartoffeln ebenso wenig wie Obst und Trockenfrüchte von meinem Speiseplan streichen – schließlich machen »gute« Kohlenhydrate nicht süchtig (wie Industriezucker), sondern sauglücklich! –, aber eben alles in Maßen und immer in Verbindung mit viel Gemüse, Nüssen, Samen und Kernen.

Haben Sie schon mal darüber nachgedacht, wie viel Zucker Sie im Laufe eines ganz normalen Tages – also Weihnachten und andere besondere Anlässe nicht mitgerechnet – zu sich nehmen? Tatsache ist, dass die meisten Menschen gar nicht ahnen, wo überall sich Zucker versteckt. Typische Zuckerfallen finden Sie in diesem Buch auf Seite 201. Und seit die Lebensmittelindustrie den Zuckerfrei-Trend spitzgekriegt hat, wirbt sie sogar verführerisch süß, aber rotzfrech mit »zuckerfreien« Produkten. Fatal, denn alle Zuckeraustauschstoffe, sogar Agavendicksaft und Honig, greifen nicht minder aggressiv in unseren Stoffwechsel ein. Wenn Sie also das nächste Mal zu »zuckerfreien« Weingummis greifen, nehmen Sie sich die Minute Zeit und werfen Sie mal einen Blick auf die Zutatenliste. Hier ein Beispiel: *Maltitsirup, Maisstärke, Wasser, Säuerungsmittel: Citronensäure, Aroma, Überzugsmittel: Carnaubawachs, Öl pflanzlich (Palm, Kokosnuss), Farbstoff: Echtes Karmin, Lutein Kupferkomplexe der Chlorophylle.* Da Zutatenlisten immer absteigend nach der Menge geordnet sind, besteht unser Beispielweingummi hauptsächlich aus Maltitsirup, gewonnen aus Kartoffelstärke, und ist damit Zucker pur. Und nun raten Sie mal, was sich hinter folgender Zutatenliste verbirgt: *Xylit, Sorbit, Calciumcarbonat, Arabicum, Maltitsirup, Calciumphosphat, Glycerin, Sojalecithin, E171, Aspartam, Acesulfam, Carnaubawachs, Antioxidationsmittel Bha, E133.* Die Antwort: das zuckerfreie Kaugummi einer Weltmarke. Xylit aber ist nichts anderes als ein auf chemischem Weg gewonnener Birkenzucker und Sorbit ein Zuckeralkohol, der industriell aus Mais- und Weizenstärke hergestellt und nicht nur als Zuckeraustauschstoff, sondern auch als Feuchthaltemittel (z. B. in Toast und Senf) verwendet wird. Weitere Zuckerbezeichnungen habe ich für Sie im Anhang aufgelistet.

Wenn ich einkaufen gehe, schaue ich übrigens nur noch auf die Zutatenliste; die Nährwerttabelle ignoriere ich, denn natürlicher Zucker stört überhaupt nicht!

Nachdem ich Sie nun seitenlang mit all den negativen Folgen des Zuckerkonsums malträtiert habe, möchte ich Ihnen endlich die süßen »Nebenwirkungen« eines zuckerfreien Lebens vor Augen führen. Motivation ist eben alles … Here we go:

- **Nie wieder Heißhunger!**
- **Fitter und nie wieder ein Nachmittagstief!**
- **Jahr für Jahr ohne Frühjahrsmüdigkeit!**
- **Keine Stimmungsschwankungen und mehr Gelassenheit!**
- **Klarere Gedanken!**
- **Depressive Verstimmungen sind passé!**
- **Die Kilos purzeln, ohne zu hungern!**
- **Cellulite ade!**
- **Verjüngte Haut (weniger Falten, feinporiger)!**
- **Reinere Haut!**
- **PMS-Symptome harmonisieren sich!**
- **Das Klimakterium ist leichter!**
- **Besserer Schlaf!**
- **Erkältung und Grippe haben keine Chance!**
- **Keine Karies!**
- **Das Haar ergraut langsamer und wird voller!**
- **Beste Blutwerte!**
- **Das natürliche Geschmacksempfinden kehrt zurück!**

Mein persönliches Hauptmotiv, dem Zucker ade zu sagen, waren die nervigen Heißhungerattacken. Die wollte ich ein für alle Mal loswerden, denn ich fühlte mich regelrecht fremdbestimmt (obwohl ich doch so gern den Hut aufhabe). Und tatsächlich war dieser überfallartige Zwang viel schneller verschwunden, als ich gehofft hatte. Später regenerierten sich außerdem meine Geschmacksrezeptoren von dem weißzuckrigen Dauerbeschuss. Es war ein unglaubliches Gefühl, als ich endlich wieder die köstliche Natursüße von Obst und Gemüse schmecken konnte und mir der frühere Jieper auf Schoki & Co. vorkam wie ein böser Traum.

Natürlich haben wir alle bestimmte, teils ritualisierte Essgewohnheiten, beruhend auf Tradition und Kultur; und manches ist seit Kindertagen konditioniert: »Wenn die Familie mit dem Auto verreist, müssen unbedingt saure Drops und hartgekochte Eier ins Gepäck!« oder »Heiligabend ohne ›bunten Teller‹ geht gar nicht!«. Doch, es geht; denn jede Konditionierung lässt sich wieder rückgängig machen. Dabei hilft das Wissen reiner Fakten allein aber herzlich wenig. Entscheidend für jede langfristige Verhaltensänderung sind unsere Gefühle in Verbindung mit unserem Unterbewusstsein. Ich kann mich gut an Situationen erinnern, die mich jetzt schmunzeln lassen, die ich früher aber alles andere als lustig fand. Während mein Kopf mir sagte: »Anastasia, für heute hast du wirklich genug Schokolade gegessen. Der Rest der Packung ist für morgen«, ging mein Körper bereits zum Küchenschrank, holte die verbliebene Tafel heraus und verputzte sie. Warum bloß? War ich einfach nur undiszipliniert oder schon süchtig? Jedenfalls war ich körperlich und emotional völlig im Ungleichgewicht.

Lassen wir den Zucker weg, wird dieses Ungleichgewicht seltener, bis es eines Tages völlig verschwunden ist, weil wir die Kontrolle über unser Essverhalten zurückgewonnen haben und emotional stabiler geworden sind. Und das wiederum macht rundum zufrieden! Das heißt, wir durchbrechen den Teufelskreis aus Heißhunger, Naschen, Selbstvorwürfen und Sorgen, indem wir den Zuckerkonsum kappen und uns damit erst mal körperlich aus dem klebrigen Sirup herauskämpfen. Nach dem Motto: Sinkt der Zuckerpegel, steigt der Stimmungspegel.

»Für immer zuckerfrei« mag für viele Menschen zunächst nach großem Verzicht und somit nach Selbstkasteiung klingen. Doch wenn Sie erst mal Ihre persönliche Motivation aus der Liste der »Nebenwirkungen« gefunden haben, wird es Ihnen nicht mehr wie ein Verzicht erscheinen. Betrachten Sie es lieber schon zu Anfang als spannendes Experiment: Was passiert mit mir, wenn ich einen Tag, eine Woche, einen Monat, ein Vierteljahr zuckerfrei esse? Lassen Sie sich überraschen – und von den körperlichen wie emotionalen Effekten überzeugen. Irgendwann geht es wie von selbst, ganz automatisch, ohne darüber nachzudenken. Eines Tages macht es einfach Klick. Müsste ich mich in irgendeiner Form zwingen, zuckerfrei zu leben, würde ich es weder machen wollen – dafür ist mir Freude am Leben viel zu wichtig –, noch könnte es auf lange Sicht funktionieren. Früher oder später wäre der obligatorische Backflash da. Zudem geht es bei einem zuckerfreien Leben ja gerade darum, eine zwanghafte Gewohnheit zu beenden, um wieder frei und spontan aus der breiten Vielfalt wunderbarer Lebensmittel (Mittel zum Leben!) auswählen zu können, ohne von der Industrie manipuliert und vergiftet zu werden.

Als ich im April 2006 begann, mein Leben auf »No Sugar!« umzustellen, bestand die größte Herausforderung darin, mich selbst zu bekochen. Dazu hatte ich bis dahin weder Zeit noch Lust gehabt, obwohl (oder gerade weil) ich die Kochkünste meiner Mutter immer bewundert und genossen habe. Da ich nun aber vorhatte, meine komplette Ernährung umzustellen, war mir klar, dass das nur möglich war, wenn ich in der Küche autonom würde. Also gab ich mir selbst einen Schubs, besorgte mir eine vernünftige Grundausstattung an Küchenutensilien, probierte ganz viel aus und lernte, nach den Empfehlungen meiner TCM-Ärztin und der 5-Elemente-Ernährung zu kochen. Das ging natürlich nicht ohne das eine oder andere kleine Malheur vonstatten, aber mit der Zeit habe ich mir ein reiches Repertoire an Rezepten zugelegt, die mir das Leben versüßen. Dazu gehört auch, dass sie nicht kompliziert sind. Schließlich möchte ich nicht jeden Tag stundenlang in der Küche herumwerkeln. Besonders praktisch finde ich zum Beispiel »MealPrep«, also das Vorbereiten der Speisen für den nächsten Tag (oder gleich mehrere Tage am Stück). Deshalb ist auch unter den Glücksrezepten in diesem Buch einiges zu finden, das sich gut einpacken und mit auf die Arbeit nehmen lässt wie Müsli-Riegel, Energy Balls oder Risotto fürs Schraubglas.

Was Sie in meinen Rezepten jedoch kaum finden werden, sind tierische Produkte wie Eier, Milch und Fleisch. Die habe ich nach und nach aus meinem Speiseplan verbannt. Das hat aber nichts mit der zuckerfreien Ernährung zu tun – denn Fleisch zu essen und trotzdem zuckerfrei zu leben funktioniert durchaus –, sondern ausschließlich mit meinem ethischen Empfinden: Für mich ist mein Leben einfach noch süßer, wenn ich weiß, dass dafür kein Tier leiden musste. Deshalb mache ich generell um Fleisch und Produkte aus Massentierhaltung einen weiten Bogen. Zwei Jahre lang gehörte ich sogar zu den Veganern, zurzeit aber esse ich zum Beispiel wieder Eier und Feta-Käse von Tieren, die ich persönlich kenne und die das Zeitliche segnen dürfen, wann immer ihnen danach ist, denn beides enthält sehr viel von dem lebenswichtigen Vitamin B12, das in pflanzlicher Kost nun einmal nicht vorkommt. Der Traditionellen Chinesischen Medizin zufolge ist es übrigens auch gesundheitsfördernd, auf die Qualität des tierischen Produkts zu achten. Sobald bei der Erzeugung von Fleisch, Milch oder Eiern Hormone, Antibiotika, Desinfektionsmittel etc. verwendet wurden (und das ist bei nahezu allen konventionellen tierischen Produkten der Fall), ist es sogenannte tote Nahrung, weil es kein Qi (so bezeichnet TCM die Lebensenergie) mehr hat und uns deshalb auf Dauer krank macht, statt uns gutzutun.

Vielleicht merken Sie es schon: Was Essen angeht, werde ich manchmal richtig euphorisch – »wow, unglaublich, Hammer, toll, ich dreh am Rad« –, weil alle meine Sinne Purzelbaum schlagen. Haben Sie schon mal gefastet? Können Sie sich an das Gefühl erinnern, das Ihnen ein Apfel oder eine Gemüsesuppe beim Fastenbrechen bescherte? Dann wissen Sie, was ich meine. Zum Glück muss ich für diese Hochgefühle nicht mal mehr fasten, sondern erlebe sie regelmäßig bei meinen Gerichten. Häufig fühle ich mich regelrecht umarmt von meinem Essen, vor allem bei gesunden Fetten wie Nüssen, Samen, Kernen, aber auch bei sehr süßem Gemüse wie Hokkaidokürbis und Süßkartoffeln. Ich bin gespannt, bei welchem Nahrungsmittel Sie durch die Decke schießen werden. Willkommen in meiner süßen zuckerfreien Welt!

II

SO ESSEN SIE *sich glücklich*

Wie unsere Ernährung Gefühle und Geist beeinflusst

Essen und Trinken hält Leib und Seele zusammen. Ich mag dieses deutsche Sprichwort. Wir Griechen sagen übrigens, dass man den Körper nicht ohne die Seele und die Seele nicht ohne den Körper heilen kann. Auch schön, oder? Darum sollten wir darauf achten, *was* wir essen und trinken, denn ebenso wie es Nahrungsmittel gibt, die unseren Körper und unseren Geist positiv beeinflussen, gibt es Nahrungsmittel, die Körper und Geist schaden können. Schon mein Landsmann, der alte Hippokrates, wusste: »Krankheiten befallen uns nicht aus heiterem Himmel, sondern entwickeln sich aus täglichen Sünden wider die Natur. Wenn sich diese gehäuft haben, brechen sie unversehens hervor.« Dass Zucker dazugehört, ist ja nicht erst seit meinem Buch kein Geheimnis mehr. Aber was steckt sonst noch dahinter? Warum fühlen wir uns nach manchen Gerichten wie auf Wolke sieben und nach anderen regelrecht erschöpft, ermattet und alles andere als gut genährt? Welche Nahrungsmittel umarmen uns, wenn wir niedergeschlagen sind, welche beruhigen uns, welche schenken uns wirklich neue Energie? Wäre es nicht großartig, sich mit leckeren Zutaten ein glücklicheres Leben kochen zu können?

Seit ich zuckerfrei esse und meine Speisen unter anderem nach der 5-Elemente-Ernährung zubereite, nehme ich viel deutlicher wahr, welche Nahrung mir wann besonders guttut, wann Körper und Geist rundum zufrieden sind. Ich habe mich intensiv mit Traditioneller Chinesischer Medizin (TCM), Ayurveda und Kräuterkunde auseinandergesetzt und mir daraus mit der Zeit ein echtes Wohlfühlpaket geschnürt. An meinen Erkenntnissen und wunderbaren Erfahrungen möchte ich Sie mit diesem Buch teilhaben lassen … Aber:

Glaube nichts, weil ein Weiser es gesagt hat.
Glaube nichts, weil alle es glauben.
Glaube nichts, weil es geschrieben steht.
Glaube nichts, weil es als heilig gilt.
Glaube nichts, weil es ein anderer glaubt.
Glaube nur das, was du selbst als wahr erkannt hast!
BUDDHA

Wie recht der Mann hatte. Aus meiner Sicht können wir nur wirklich zufrieden sein, wenn wir die Verantwortung für unser Leben selbst übernehmen. Sobald wir es anderen Menschen oder fremden Regelwerken überlassen, ob wir zufrieden sind oder nicht, geraten wir früher oder später in eine emotionale Sackgasse, verlieren unser Selbstvertrauen und schließlich uns selbst. Denn das Großartige an Eigenverantwortung – ob nun beim Kauf eines neuen Outfits, bei der Wahl des Partners oder beim Essen – sind wachsende Selbsterkenntnis und stabiles Selbstvertrauen. Wie sollte denn jemand anderes entscheiden, was für mich gut ist? Schließlich sollte ich es doch am besten wissen, oder? Insofern können auch nur Sie selbst für sich herausfinden, mit welcher Ernährung Sie sich wohlfühlen. Lassen Sie sich inspirieren, probieren Sie aus, nehmen Sie sich Zeit, fühlen Sie in sich hinein … und essen Sie, womit Sie sich wohlfühlen.

Der einzige Grund, weshalb ich seit Jahren rundum zufrieden zuckerfrei leben kann: Ich nähre auf diese Weise nicht nur meinen Körper, sondern auch meine Emotionen. So lehne ich für mich zum Beispiel das Rohkost-Konzept ab, obwohl ich weiß, dass es anderen Menschen guttut und dazu beitragen kann, Krankheiten zu heilen. Für mich fühlt es sich jedoch nicht richtig an – und nur das zählt. Natürlich ist bei dreißig Grad im Schatten auch mal ein frischer Salat okay, gerne auch gelegentlich als Beilage zu einem warmen Gericht. Aber als Hauptmahlzeit machen mich kalte Speisen nicht glücklich. Im Winter erwärme ich sogar Frischobst wie Äpfel und Birnen, bevor ich sie esse. Abgesehen von dem wohligen Gefühl im Bauch, entfalten sich die Aromen so herrlich, wenn Obst erwärmt (nicht erhitzt!) wird. Die ganze Küche duftet dann danach. Eine wahre Wohltat für die Sinne.

Du fühlst, WAS DU ISST!

Für jedes Gefühl, das uns am Glücklichsein hindert – Wut, Eifersucht, Lustlosigkeit etc. –, gibt es Nahrungsmittel, die dabei helfen, diese Emotion auszugleichen und der Welt wieder entspannter ins Gesicht zu sehen. Wir müssen nur wissen, welches Organ unseres Körpers gerade unterversorgt ist und unserer Aufmerksamkeit bedarf. Nähren wir das geschwächte Organ, hat das unmittelbaren Einfluss auf unser Gefühlsleben. Denn nach der 5-Elemente-Lehre, die auf jahrtausendealtem Wissen, den Beobachtungen und Erfahrungen der Traditionellen Chinesischen Medizin beruht, entspricht jedes Organ einer beziehungsweise mehreren Emotionen und ist jeweils einem Element (Holz, Feuer, Erde, Metall, Wasser) zugeordnet:

- Sind unsere Leber und unsere Gallenblase (Element Holz: bewahrt die Säfte) geschwächt, neigen wir verstärkt zu Sturheit, Wut, Neid, Frust, Unentschlossenheit und Angst. Sorgen wir hingegen dafür, dass Gallenblase und Leber bekommen, was sie brauchen, werden wir dafür mit mehr Mut, Gelassenheit, Toleranz, Großzügigkeit und Kreativität belohnt.

  Bevor Sie also Gefahr laufen, dass Ihnen »die Galle überläuft«, meiden Sie Alkohol, Knoblauch, Kaffee, scharfe Gewürze, große Mengen Fleisch und ein allzu üppiges Dinner. Bauen Sie stattdessen sauer-erfrischende Nahrungsmittel wie Zitronen und Tomaten in Ihren Speiseplan ein. Auch Essig entspannt die erhitzte Leber.

- Wenn wir nicht auf unser Herz und, ja, auch auf unseren Dünndarm (Element Feuer: trocknet aus, regt den Veränderungsprozess an, Geschmacksrichtung bitter) hören, fühlen wir uns gestresst und unter Druck, sind nervös, erschöpft, schreckhaft und leiden unter Schlafstörungen. Versorgen wir Herz und Dünndarm aber mit Feuer, das etwa in Rosenkohl, Quinoa und Rucola steckt, werden wir dafür mit Liebe, Weisheit, Empathie und Offenheit beschenkt. Sofortmaßnahme: möglichst wenig Kaffee trinken und auch Kakaogenuss reduzieren.

- Magen und Milz (Element Erde: nährt, entspannt, baut Lebensenergie auf; Geschmacksrichtung süß, weich, sämig), die uns übrigens vor körperfremden Stoffen bewahrt und meine persönliche Schwachstelle war, möchten ebenfalls umsorgt sein. Unterlassen wir das, plagen wir uns mit Grübeleien (kann ich bestätigen!), machen uns ständig Sorgen, sind eigensinnig und engstirnig. Dann doch lieber Milz und Magen zum Beispiel mit Hokkaidokürbis, Nüssen oder Hirse verwöhnen und dafür innerlich stabil, konzentriert und ausgeglichen durchs Leben gehen, oder?

  Also bloß nicht hungern und sowohl Kuhmilchprodukte wie auch Rohkost und Südfrüchte meiden (Industriezucker sowieso!).

- Wenn wir Lunge und Dickdarm (Element Metall: löst Stagnation, bewegt; Geschmacksrichtung scharf) vernachlässigen, fühlen wir uns unsicher und ungerecht behandelt, sind traurig und leiden unter (Existenz-)Ängsten. Schenken wir ihnen jedoch die nötige Aufmerksamkeit, indem wir sie gut nähren, zum Beispiel mit Lauch, Ingwer und Chili, werden wir wiederum mit tiefem Vertrauen in uns und das Leben beschenkt, bewegen uns entspannt im Hier und Jetzt. Dafür lohnt es sich, auf Alkohol, Knoblauch und scharfes Essen zu verzichten.

- Das Element Wasser (löst Stagnation, festigt die Knochen, Geschmacksrichtung salzig) ist – oh Wunder – der Niere und der Blase zugeordnet. Ignorieren wir ihre Bedürfnisse, fühlen wir uns gehetzt, sind gereizt, antriebs- und kraftlos, leiden unter Lustlosigkeit und innerer Unruhe, fürchten uns vor Nähe und Zärtlichkeit. Sich zum Beispiel mit Linsen, Kichererbsen und Sojasauce um Niere und Blase zu kümmern lohnt sich also: Wir spüren mehr Willenskraft und Selbstvertrauen, sind mutig und bereit, uns und andere zu schützen.

- Was die Niere gar nicht mag, ist ein Übermaß an Salz. In kleinen Mengen fördert Salz die Körpersäfte und bindet sie an den richtigen Stellen. Zu viel Salz hingegen trocknet den Körper aus, weshalb die tägliche Höchstmenge von einem Teelöffel (5 g) nicht überschritten werden sollte. Allerdings harmonisiert sich bei der zuckerfreien Ernährung automatisch auch der Wunsch nach Salz, was Ihre Niere somit freuen dürfte.

Sich nach der 5-Elemente-Lehre zu ernähren hilft, den natürlichen Energiefluss und Kreislauf im Körper zu unterstützen und sanft auszugleichen, was aus dem Gleichgewicht geraten ist. Denn alle Elemente hängen miteinander zusammen und bedingen sich gegenseitig – im Positiven (»Fütterungszyklus«) wie im Negativen (»Erschöpfungszyklus«). Insofern tun Sie sich – Ihrem Körper und Ihrer Gefühlswelt – in jedem Fall etwas Gutes, wenn Sie die Glücksrezepte ausprobieren. Und je länger Sie Ihre Ernährung an diesen Rezepten ausrichten, desto mehr werden Sie merken, wie auch Ihre persönlichen Schwachstellen allmählich gestärkt und nach und nach ausgeglichen werden.

Die Empfehlung einer TCM-Ärztin, den Zucker aus meinem Ernährungsplan zu streichen, war der Auftakt zu meinem zuckerfreien Leben – und die 5-Elemente-Ernährung hat mir geholfen, dabei zu bleiben. Deshalb liegt mir auch so viel daran, Ihnen zumindest die wichtigsten Säulen dieser faszinierenden Lehre nahe- und Sie so auf den Geschmack zu bringen. Neben den oben genannten Elementen spielen nämlich noch andere Faktoren eine Rolle.

Von Yin und Yang haben Sie bestimmt schon einmal gehört. Zumindest das Zeichen ist ja weltberühmt:

Yin bedeutet so viel wie »Die Schattenseite des Berges« und Yang entsprechend »Die Sonnenseite des Berges«. Diese Metapher verdeutlicht das philosophische Prinzip der beiden sich ergänzenden Gegensätze: Das eine ist ohne das andere nicht denkbar. Yin, das passive, nach innen gerichtete Prinzip, und Yang, das aktive, impulsgebende Prinzip schließen einander nicht aus, sondern bedingen sich gegenseitig. Sind diese beiden Prinzipien im Gleichgewicht, ist im übertragenen Sinne alles im Lot.

Das Konzept von Yin und Yang findet sich in unterschiedlichen Bereichen der chinesischen Kultur, und demnach wirken diese beiden Kräfte auch auf Menschen und Tiere, auf Pflanzen und Gegenstände. Laut TCM hat auch jedes Nahrungsmittel eine bestimmte thermische Yin- oder Yang-Energie, die sich auf uns überträgt, wenn wir sie verputzen: Yin-Nahrungsmittel wie Zucker, Zitronen und rohe Tomaten sind kühlend (Schattenseite eben), Yang-Nahrungsmittel wie Ziegenkäse, Nüsse, Süßkartoffeln und Pfirsiche sind wärmend (Sonnenseite). Im Anhang (Seite 205) finden Sie übrigens eine Liste mit wärmenden, kühlenden und neutralen Nahrungsmitteln.

Futtern wir nun jahrelang kaltes Zuckerzeug in uns hinein, ohne auf einen Ausgleich durch wärmende Speisen zu achten, werden wir anfällig für Krankheiten. Bei mir hatte der massive Zuckerkonsum zu einem starken Ungleichgewicht geführt: Schlafstörungen, Nackenverspannungen, Erschöpfung waren meine ständigen Begleiter. Da war nichts mehr im Lot. Doch ein westlicher Schulmediziner hätte (noch!) kein organisches Problem festgestellt, bis meine Milz oder meine Leber »Es reicht!« geschrien und gestreikt hätte. In der TCM hingegen wird präventiv darauf geachtet, ob ein Organ geschwächt ist, sodass spätere Krankheiten vermieden werden können.

In westlichen Industriestaaten werden generell zu viele kühlende Nahrungsmittel verzehrt. Natürlich sind solche Nahrungsmittel an sich nicht ungesund; sogenannte Yang-Typen, die zu Ungeduld und Zorn neigen, sollten zum Beispiel bewusst kühlende Yin-Nahrungsmittel wie einen Gurkensalat in ihren Speiseplan einbauen, um den hitzigen Emotionen etwas entgegenzusetzen und so die Balance wiederherzustellen. Es geht also einzig und allein um die Quantität, wenn es zu Ungleichgewicht kommt. Nicht umsonst sagen wir, dass wir uns unausgeglichen fühlen, wenn es uns nicht gut geht, weil es irgendwo hakt …

Hier noch ein paar kühlende Nahrungsmittel: Kuhmilchprodukte wie Käse und

Joghurt, Schweinefleisch, Alkohol und Weizen. Klingelt es? Richtig, das ist alles auf dem täglichen Speiseplan von Otto und Helga Normalverbraucher zu finden, und zwar nicht zu knapp. Es hilft bereits, die kühlenden Nahrungsmittel etwas zu reduzieren, zum Beispiel indem Obst und Gemüse nicht roh, sondern gekocht auf den Tisch kommen; denn durch Erwärmen der Nahrungsmittel verändert sich deren thermische Energie. Doch nach und nach sollten vermehrt wärmende Nahrungsmittel wie Hirse, Hafer und Trockenobst in die tägliche Ernährung einfließen.

Als ich begann, meine Essgewohnheiten entsprechend umzustellen, hatte ich bereits 37 Jahre Ungleichgewicht auf dem Buckel (Autsch!). Trotzdem merkte ich schon nach ein paar Wochen, dass ich wieder mehr Energie hatte. Wenn ich morgens aufstand, war ich nicht groggy, als hätte ich die Nacht durchgemacht, sondern voller Lust auf den Tag. Ich war im wahrsten Sinne des Wortes ausgeglichen – und das nur, weil ich vor allem den sehr kühlenden Zucker »abgesetzt« hatte. Darum empfehle ich jedem, der genau wissen möchte, wo seine Schwachstelle sitzt, einen studierten TCM-Arzt für ein ausführliches Anamnesegespräch aufzusuchen. Anschließend erhält man seinen maßgeschneiderten Diätplan. Apropos: Das Wort *Diät* kommt aus dem Altgriechischen und bedeutete ursprünglich Lebens- und somit auch Ernährungsweise. Passt doch.

Perfekt und der beste Garant für Lebensglück ist es, wenn Yin und Yang in einem ausgewogenen Verhältnis zueinander stehen, weil unsere Lebensenergie (*Qi*) dann völlig ungestört fließen kann. Problematisch wird es, wenn die beiden Prinzipien dauerhaft »über Kreuz« liegen und den Energiefluss blockieren. Stellen Sie sich mal vor, wie viel Kraft Ihr Körper aufbringen muss, um das Ungleichgewicht, das zu einer Stagnation Ihrer Lebensenergie führt, permanent auszugleichen. Die Folge: schlapp, ausgelaugt und immer noch hungrig, obwohl der Vitaldrink doch genau das Gegenteil bewirken sollte, nach dem Motto »Energiezufuhr = Energiekick«. Auch jeder, der nach dem Essen ermattet aufs Sofa sinkt, spürt am eigenen Körper, dass es sich bei den Speisen offenbar um Energie*räuber* gehandelt haben muss. Statt in schnellem Tempo durch unseren Körper zu schießen, sodass Blut, Wasser und Nährstoffe reibungslos transportiert werden, stockt das Qi – und alles verlangsamt sich.

Das Besondere an meinen Glücksrezepten ist nämlich: Sie halten das Qi auf Trab, nähren unsere Organe und sorgen so dafür, dass ein mögliches Ungleichgewicht von Körper und Emotionen automatisch ausbalanciert wird. Klingt wie Zauberei, ist aber ein Wohlfühlcocktail aus TCM, Ayurveda, Kräuterheilkunde und meinen persönlichen Erfahrungen der vergangenen zwölf Jahre – und vor allem jederzeit anwendbar. Als meine Milz zum Beispiel merkte, dass ich sie wieder ernst nehme, befreite sie mich dafür als Dankeschön von meinen nervenzehrenden Grübeleien. Wenn zuvor ein Problem meinen Weg kreuzte, hatte ich mich auch schon mal eine Nacht lang schlaflos im Bett hin und her gewälzt, mir Sorgen gemacht und alle möglichen Horrorszenarien ausgemalt. Seit meine Milz wieder optimal versorgt ist, tappe ich nicht mehr in diese Grübelfalle. Stattdessen denke ich jetzt über das Problem nach und stelle es dann erst mal beiseite – in diesem Moment lässt es sich eh nicht ändern, ganz egal, wie sehr ich darüber nachdenke. Ich gönne mir eine erholsame Nacht und gehe es erfrischt an, sobald ich zielführende Schritte einleiten kann. Welch befreiendes Gefühl!

Meine Glücksrezepte basieren vielfach auf sogenannten neutralen Nahrungsmitteln, die also weder wärmen noch kühlen, sondern allen Menschen guttun, weil sie das Qi aufbauen. Andere Zutaten, Obst und Gemüsesorten, Nüsse oder Kräuter, hingegen werden bestimmten Elementen und damit Organen zugeordnet. Und nach diesen Zutaten habe ich meine Rezepte in bestimmte Kapitel einsortiert. Denn sobald in unserem Emotionshaushalt ein störendes Gefühl dominiert, ist die Wahrscheinlichkeit groß, dass das entsprechende Organ geschwächt ist und unserer besonderen Zuwendung bedarf, um wieder ins Lot zu kommen.

Das Feuer DER LEBENSKRAFT

Für mich war der Einstieg in die 5-Elemente-Ernährung der Traditionellen Chinesischen Medizin fraglos der Ausstieg aus der Zuckersucht. Doch nachdem ich einige Jahre entsprechend gegessen und gelebt hatte, verlangte es meinen Körper und mich nach Abwechslung. »Typisch Anastasia«, würde meine Mama jetzt bestimmt sagen. Als neugieriger Unruhegeist, der ich nun mal bin, hielt ich also Ausschau nach neuen inspirierenden Impulsen, um meine Ernährungs- und Lebensweise zu bereichern – und fand sie im Ayurveda, der Wissenschaft vom langen und gesunden Leben. Ayurveda hat seinen Ursprung in der indischen Hochkultur und ist die älteste ganzheitliche Heilkunst der Menschheit. Da er auf den drei Säulen Ernährung, Lebensweise und Medizin beruht und stets den individuellen Menschen im Blick hat, heilt Ayurveda nicht nur die akute Krankheit; vielmehr kräftigt er den gesamten Menschen, sprich Körper und Geist, von innen heraus. Diese umfassende Lebenskraft wird im Ayurveda *Prana* genannt.

Fasziniert stellte ich fest, dass auch Ayurveda mit einem System von fünf Elementen und ihren Wirkungsfeldern arbeitet. Diese fünf Elemente finden wir in der Natur: Wir wandern auf der *Erde*, sind umgeben von *Raum* (Äther) und *Luft*, spüren den Wind auf der Haut, die wärmende Sonne (*Feuer*) zaubert uns Sommersprossen ins Gesicht, im weichen *Wasser* des Sees erfrischen wir unsere müden Füße. Alles in der Natur besteht in unterschiedlichen Teilen aus diesen fünf Elementen mit ihren Eigenschaften, alles in der Natur wird von ihnen bestimmt:

Raum/Äther	leicht, klar, leer, durchlässig
Luft	kühl, beweglich, variabel, rau, transparent
Feuer	trocken, scharf, ölig, fein
Wasser	mobil, weich, flüssig, schwer
Erde	stabil, fest, beständig, kompakt

Und da auch unser Körper nichts anderes ist als Natur, sind diese fünf Elemente dort ebenfalls verortet:

Raum/Äther	das Sinnesorgan Ohr (im Raum wird der Klang transportiert) sowie Emotionen und Gefäße
Luft	das Sinnesorgan Haut, alle Bewegungen im Körper, der Atem
Feuer	das Sinnesorgan Auge (dank der Lichtquelle Sonne können wir unsere Umgebung sehen), Temperaturregelung, alle umwandelnden Vorgänge und enzymproduzierenden Organe (z. B. Leber)
Wasser	der Geschmackssinn (mit unserem feuchten Speichel entfalten wir die Geschmackskomponenten der Nahrung), Blut, alle reproduktiven Komponenten (z. B. Sexualorgane), Wassergehalt des Körpers (ca. 70 Prozent)
Erde	der Geruchssinn (mit dem wir die Düfte von Pflanzen, die ihrerseits aus der Erde erwachsen, wahrnehmen), Knochen, Muskeln, Haare, Nägel

Zusammengefasst heißt das: Jedes Element hat bestimmte Funktionen im Körper, steht für bestimmte Körperregionen und für jeweils ein Sinnesorgan.

Nun ist es aber nicht so, dass jedes der fünf Elemente in meinem Körper genauso stark ausgeprägt ist wie bei Ihnen. Und bei Ihnen sieht es wieder ganz anders aus als bei Ihrer Nachbarin. Jeder von uns ist nun einmal mit besonderen körperlichen, geistigen und emotionalen Stärken und Schwächen ausgestattet. Im Ayurveda werden daher grob drei Typen nach dem jeweils vorherrschenden *Dosha* (Lebensenergie) unterschieden – je nach Gewichtung der fünf Elemente:

Für *Vata* sind die Elemente Raum und Luft charakteristisch. Da diese beiden Elemente für Bewegung, Leichtigkeit und Aktivität stehen, ist ein Mensch, dessen Vata in Balance ist, kreativ, flexibel und entspannt. Ist Vata jedoch gestört, sind innere Unruhe und Anspannung die Folge.

Der zweite Dosha-Typ ist *Pitta*, geprägt von den Elementen Feuer und Wasser, von der Energie der Erhitzung, die den Stoffwechsel samt Verdauung reguliert. Ist damit alles okay, sind wir aufmerksam, lernfähig und verständnisvoll. Ist Pitta allerdings im Ungleichgewicht, neigen wir zu Wut, Verdauungsstörungen und Entzündungen.

Und dann ist da noch *Kapha*. Bei diesem Dosha-Typ sind die Elemente Wasser und Erde, verantwortlich für Gelenkigkeit und Stabilität, vorherrschend. Im ausgeglichenen Kapha-Zustand empfinden wir Vertrauen und Liebe, gerät Kapha ins Wanken, werden wir gierig und anfällig für Erkältungen oder Übergewicht.

Nach der Ayurveda-Lehre besteht die Lebenskunst also darin, die eigenen Dosha-Anteile – die meisten Menschen sind sogenannte Mischtypen, ich zum Beispiel bin ein Kapha-Pitta-Typ – ins Gleichgewicht zu bringen, beziehungsweise darauf zu achten, dass sie in Harmonie sind, um Krankheiten und störenden Emotionen vorzubeugen. Und das – ein Hoch auf die Eigenverantwortung! – klappt am besten mit ausgewogener, auf den eigenen Körper abgestimmter Ernährung. Dabei spielt das Verdauungsfeuer (*Agni*) eine entscheidende Rolle: Es entfacht alle Stoffwechselprozesse und sorgt dafür, dass das Verdauungssystem reibungslos funktioniert. Nur so ist sichergestellt, dass die wertvollen Nährstoffe dort ankommen, wo sie ihre Wirkung entfalten, und schädliche Giftstoffe rasch abtransportiert werden. Wenn wir nicht darauf achten, dass unser Verdauungsfeuer geschürt wird, macht erst unser Stoffwechsel schlapp und dann wir: Völlegefühl, Müdigkeit, Kopfschmerzen, Anspannung, Gewichtsprobleme.

Drei vorbeugende Maßnahmen, die sich ziemlich einfach in den Alltag einbauen lassen: 1. Keine schwere Kost am Abend, damit unser Körper genug Zeit hat, die Nahrung zu verarbeiten, bevor unser Verdauungsfeuer auf nächtliche Sparflamme schaltet. 2. Über den Tag verteilt viel warmes Wasser trinken. 3. Nutzen Sie dankbar jede Gelegenheit, sich zu bewegen – am besten an der frischen Luft –, denn Bewegung hält nicht nur den Stoffwechsel fit, sondern auch unseren Gefühlshaushalt. Inzwischen bin ich ein echter Walking-Fan …

Nach sieben Jahren fiel es mir immer noch leicht, den Zucker links liegen zu lassen. Ich genoss es, nach wie vor ganz bei mir zu sein, nicht mehr getrieben von der Gier nach Nougatschokolade, Marzipan und Gummibärchen. Aber mein Körper verlangte nach Abwechslung, ich spürte, dass er etwas Neues ausprobieren wollte. Da kam mir die ayurvedische Lehre gerade recht. Ich war neugierig darauf, die erste jemals dokumentierte Gesundheitslehre zu entdecken. Zunächst fielen mir natürlich die Parallelen zur TCM auf, zum Beispiel das warme Frühstück, doch nach und nach fand ich spannende Unterschiede. Ein wesentlicher Aspekt des Ayurveda, den ich als sehr hilfreich empfunden und deshalb schnell verinnerlicht habe, betrifft die sechs Geschmacksrichtungen süß, sauer, salzig, scharf, herb und bitter. Wenn es uns gelingt, über den Tag verteilt alle sechs Geschmacksrichtungen in unsere

Mahlzeiten einzubauen (siehe auch Wohlfühltipp 9), haben wir schon viel für unsere körperlich-emotionale Fitness getan, denn jede Geschmacksrichtung hat bestimmte positive Wirkungen:

süß	(Erde und Wasser) beruhigt das Nervensystem, wirkt stimmungsaufhellend (ich sage nur: Dattel-Pralinen!), macht froh und zufrieden
sauer	(Erde und Feuer) weckt Geist und Sinne, regt den Appetit an und fördert die Verdauungskraft
salzig	(Wasser und Feuer) wirkt erhitzend, beruhigt die Nerven, mindert Angstgefühle, regt die Verdauung an und speichert Wasser im Körper
scharf	(Feuer und Luft) öffnet Geist und Sinne, wirkt stark erhitzend (Ausnahme: Ingwer), schleimlösend und verdauungsfördernd
bitter	(Luft und Raum) hat eine appetitanregende, blutreinigende und leicht kühlende Wirkung, reinigt Sinne und Emotionen
herb/ zusammenziehend	(Luft und Erde) schenkt neue Energie, wirkt kühlend – auch auf einen erhitzten Geist – sowie trocknend und verdauungsfördernd

Wer sich also wie ich jahrelang mit zuckersüßem Zeug vollstopft, weil er förmlich süchtig nach dem Stimmungskick ist, bringt sein Verdauungsfeuer und damit seine Lebenskraft früher oder später zum Erliegen. Auf die Balance kommt es an, und zwar nicht nur bei der Geschmacksrichtung süß. Zu viele saure Nahrungsmittel (z. B. Zitronen und Tomaten) machen ungeduldig, leichtsinnig und neidisch; auch zu salziges und scharfes (z. B. schwarzer Pfeffer, Chili, Ingwer, Nelken) Essen bekommt uns auf Dauer nicht gut: Wir sind schneller ungeduldig, wütend und ausgelaugt. Bitter bis herb ist ein wunderbarer Geschmack und Energiespender (z. B. Kurkuma, Artischocke, Rucola, Spinat, Sellerie), doch auch hier sollten wir Maß halten, vor allem, wenn einen Ängste, Sorgen und Schlaflosigkeit plagen.

10 PRAKTISCHE *Wohlfühltipps*

1 Ein warmes Porridge am Morgen ist der ideale Start in den Tag, vor allem im Winter.

2 Es lohnt sich, ab und zu einen ayurvedischen Fastentag einzulegen – bei uns auch als intermittierendes Fasten bekannt –, indem Sie früh zu Abend essen (bis 18 Uhr!) und so mindestens 12, besser noch 14 bis maximal 16 Stunden nichts essen. Das ist die beste Detox-Kur überhaupt – und am nächsten Morgen ist man putzmunter! Mehr als 17 Stunden sollten Sie jedoch nicht fasten, da Ihr Stoffwechsel sonst in den Sparmodus schaltet.

3 Nehmen Sie sich Zeit für Ihre Mahlzeiten, denn Ihr Körper sollte seine Energie auf die Verdauung verwenden. Muss er stattdessen stehen oder gehen, parkt er das Essen – und je länger es im Körper verweilt, desto mehr Gelegenheit hat es, anzusetzen. Als Folge fühlen wir uns schlapp, und nicht alle Giftstoffe verlassen den Körper. Ich habe übrigens beobachtet, dass ich automatisch langsamer esse, wenn ich viel Gemüse in meine Speisen integriere. Wenn Ihnen Bioprodukte zu hochpreisig sind, dann kaufen Sie möglichst regional und saisonal. Auf diese Weise sammeln Sie richtig gute TCM-Punkte, denn diese Lebensmittel lassen Ihr Qi besser fließen. Es gibt auch viele Bauern, die ihre Produkte im Direktverkauf anbieten, das ist oft günstiger als im Biomarkt.

4 Exotisches Obst und Gemüse, das unreif gepflückt wurde, weil es noch einen weiten Weg hinter sich bringen muss, bis es in unseren Supermärkten landet, sowie in Plastik oder Dosen verpackte Produkte und Tiefgefrorenes enthalten keine Qi-Energie mehr. Die Inhaltsstoffe sind zwar noch vorhanden, doch die TCM kümmert sich weder um Vitamine noch um Mineralstoffe, da wir davon bei abwechslungsreicher und frischer Kost eh genug zu uns nehmen. Mit saisonalen und regionalen Nahrungsmittel tun wir also nicht nur der Umwelt einen Gefallen (Stichwort

ökologischer Fußabdruck), sondern auch unserem körperlich-emotionalen Wohlbefinden.

5 Fertiggerichte und Mikrowelle sind passé. Wenn Sie tagsüber keine Zeit zum Kochen haben, bereiten Sie Ihre Mahlzeiten schon abends vor. Unter den Glücksrezepten befinden sich einige, die dafür gut geeignet sind.

6 Frische Kräuter und Gewürze regen die Verdauung an und machen unser Essen bekömmlicher, tiefgefrorene hingegen sind Energieräuber.

7 Nehmen Sie möglichst oft warme Speisen zu sich. Ich ziehe das Aufwärmen meiner Nahrung konsequent durch, röste zum Beispiel alle Samen und Kerne vorher an. Damit »yangisiere« ich sie, führe ihnen also mehr Energie zu, wodurch sie mich wärmen. Wenn ich im Hotel ausnahmsweise mal »kalt« frühstücke, merke ich es sofort: Das Sättigungsgefühl hält nicht lange an, und ich bekomme plötzlich Lust, einfach irgendwas in mich hineinzustopfen.

8 Ich trinke am liebsten den ganzen Tag über warmes Wasser. Das habe ich immer in einer Thermoskanne dabei. Sie können auch Zitronensaft, Ingwer oder Minze hineingeben, wenn Ihnen Wasser pur zu langweilig ist. Im Winter sollten Sie Ihrem Körper allerdings nicht zu viel von dem zwar scharfen, aber kühlenden Ingwer zumuten. Denn obwohl das subjektive Empfinden zunächst wärmend ist, führt das Schwitzen aufgrund der Schärfe langfristig zum Auskühlen des Körpers. Was aber immer geht, sind Kräutertees. Probieren Sie es aus! Sie werden staunen, wie fit Sie sich fühlen.

9 Ich achte darauf, möglichst jede Mahlzeit mit allen Geschmacksrichtungen zu versehen. Zum Beispiel meine morgendlichen Haferflocken: eine Prise Kurkuma für die bittere Komponente, einen Hauch Cayennepfeffer für die Schärfe (es muss nicht mal zu schmecken sein), einen Spritzer Zitronensaft für die Säure, eine Miniprise Salz und etwas Zimt für die Süße.

10 Der Leber tun wir einen Gefallen, wenn wir über den Tag verteilt nicht mehr als drei bis fünf Portionen Obst und nach 16 Uhr gar kein Obst mehr essen, denn der Abbau von Fruchtzucker in Banane, Birne & Co. kostet sie sonst zu viel Energie.

Ich bin sicher: Sobald Sie meine Glücksrezepte ausprobieren und kombiniert mit der ein oder anderen Zutat aus meinem Wohlfühlpaket in Ihren Alltag eingebaut haben, werden Sie allmählich von ganz allein merken, wie Sie Ihr persönliches Lebensrezept für Glück zusammenstellen müssen. Und bis dahin macht es erst mal großen Spaß, all die positiven Veränderungen an sich selbst wahrzunehmen!

DIE WICHTIGSTEN *Zuckerfrei-Tipps* AUF EINEN BLICK

- **Formulieren Sie Ihre zentrale Motivation** (siehe Seite 13)! Warum wollen *Sie* Zucker aus Ihrem Leben streichen?

- **Wählen Sie einen günstigen Zeitpunkt, um mit Ihrem neuen Leben zu beginnen!** In zwei Wochen ist Ihr Hochzeitstag, der Abiball oder der langersehnte Urlaub steht vor der Tür? Das dürfte das wichtige Durchhalten in den ersten drei bis sechs Wochen erschweren. Aber verschieben Sie den Einstieg in den Ausstieg nicht bis zum Sanktnimmerleinstag; das sorgt nur für unnötigen Frust.

- **Bitte nicht hungern!** Da Hunger nach der TCM-Lehre auskühlt, sollte ein zuckerfreies Leben auf gar keinen Fall mit einem knurrenden Magen einhergehen. Vielmehr werden Sie feststellen, dass Ihr gesundes Gefühl für Hunger und Sättigung zurückkehrt, was wiederum für rauschendes Qi sorgt und vor Übergewicht schützt.

- **Möglichst kalorienfrei trinken** (Wasser, Kräuter- oder Früchtetee)! Durst ist ein Zeichen von Wasserverlust und bedeutet nicht, dass unser Körper Energie benötigt.

- **Küchen-Check: Sortieren Sie alle gezuckerten Produkte aus!** Bitte studieren Sie genau das Kleingedruckte der Zutatenlisten. Anschließend gehen Sie mit einer Lupe in den nächsten Supermarkt und suchen zuckerfreie Alternativen. Spätestens im Biomarkt werden Sie auch Ketchup, Sojasauce, Brot, Gewürzgurken etc. ohne Ose-Monster und Sirup-Teufel finden.

- **Gehen Sie nie hungrig aus dem Haus!** Vor allem in den ersten Wochen beugen Sie damit einem Heißhunger-Rückfall vor. Und Sie sind auf der sicheren Seite, sollte auf dem Partybüfett nur Zuckerkram herumstehen.

- **Versorgen Sie sich mit zuckerfreien Snacks!** Wenn Sie in Auto und Handtasche immer Nüsse, Frisch- oder Trockenobst, geröstete Samen und Kerne oder selbst gemachte Gemüsechips dabeihaben, können Sie den kleinen Hunger zwischendurch gefahrlos parieren. Ich habe sogar oft Knäckebrot und einen pflanzlichen Dipp im Auto.

- **Informieren Sie Ihr nahes Umfeld!** Zum Beispiel darüber, dass Sie keine Pralinen mehr geschenkt bekommen möchten und auch kein Spielverderber sind, nur weil Sie nicht von der Geburtstagstorte probieren wollen. In ein paar Wochen wird es Ihnen nichts mehr ausmachen, aber bis dahin müssen Sie ein paar ungläubige Gesichter und schräge Kommentare aushalten.

- **Reduzieren Sie erst mal Ihre Restaurantbesuche!** Denn anfangs ist die Versuchung groß, zusammen mit den anderen beim Dessert zuzuschlagen. Und sollten Sie doch essen gehen und Lust auf einen Nachtisch haben, bestellen Sie sich einfach frisches Obst.

- **Mealprep!** Ab sofort kommen Sie nicht mehr drum herum, einiges selbst zuzubereiten. Wenn Sie einen vollgepackten Alltag haben, stellen Sie sich zwei Mal pro Woche für eine Stunde in die Küche, um sich Gemüse, Hülsenfrüchte, Reis, Nudeln oder Kartoffeln zuzubereiten. So haben Sie immer für zwei bis drei Tage etwas im Kühlschrank, das Sie schnell aufwärmen oder für die Mittagspause mitnehmen können.

Nie wieder HEISSHUNGER!

- **Genug und warm trinken!** Niemand muss täglich mindestens zwei Liter teures Wasser aus exotischen Quellen zu sich nehmen, um ein gesundes Leben zu führen, aber beim Zuckerentzug hilft es ungemein, genügend zu trinken – und zwar lauwarmes Wasser, Kräuter- oder Früchtetee. Das hemmt den Appetit! Stündlich oder halbstündlich drei Schlucke reichen völlig aus. Wenn ich unterwegs bin, habe ich immer eine kleine Thermoskanne im Gepäck. Und meiden Sie eiskaltes Wasser, weil kalte Getränke das Verdauungsfeuer löschen und damit das Hungerfühl schüren.

- **Bye bye Food-Blogs und Kochshows!** Insbesondere in den ersten Wochen sollten Sie verführerischen »Foodporn«-Bildern aus dem Weg gehen. Solche Bilder stimulieren unser Gehirn, und wir bekommen automatisch Lust auf Essen. Schauen Sie sich lieber eine Dokumentation über Zucker an, zum Beispiel *Die Zucker-Falle*, die ich 2016 drehen durfte und die Sie leicht auf YouTube finden.

- **Schlafen Sie genug!** Der Körper braucht nun einmal seine Zeit, um neue Energie zu tanken. Fehlt ihm Ruhe, will er sich die benötigte Energie über die Nahrung holen. Das ist sein gutes Recht. Deshalb lasse ich meinem Körper seinen Willen, wenn ich mal zu wenig Schlaf bekommen habe, und füttere ihn, statt ihn mit Hunger zu quälen. Doch grundsätzlich gilt: Ausreichend zu schlafen zügelt den Appetit.

- **Raus an die frische Luft!** Sie haben eigentlich genug gegessen und wollen trotzdem immer noch mehr? Stehen Sie auf und gehen Sie mindestens eine halbe Stunde lang in flottem Tempo spazieren. Das lenkt ab und macht munter.

- **Vorsicht Zuckerfallen!** Selbst ein vermeintlich zuckerfreies Kaugummi oder eine Gewürzgurke können anfangs schon genügen, um den Zucker-Jieper auszulösen.

- **Alkohol meiden!** Alkohol kann zu Unterzuckerung führen und somit zu Heißhungerattacken. Außerdem entzieht er dem Körper Wasser samt den darin enthaltenen Salzen, wodurch unser Drang, die Salzdepots wieder aufzufüllen, steigt: Auf zur nächsten Fastfood-, sprich Zuckerquelle.

- **Gesunde Fette genießen!** Avocado, Kokosöl & Co. sorgen für ein befriedigendes Sättigungsgefühl und beschleunigen den Stoffwechsel.

KIKKOMAN
Sojasauce

IV

MEINE Glücksrezepte

KLEINES EINMALEINS
für die zuckerfreie Küche

5 Küchenutensilien, die das Zaubern erleichtern

- Stabmixer
- Küchenmaschine
- Wok-Pfanne
- beschichtete Pfanne
- Mörser

8 Gewürze für unterwegs

Anders als Gemüse und Obst, das vor dem Verzehr unbedingt gewaschen werden sollte, vertragen frische Kräuter keine Dusche, daher bitte nie waschen – darum bitte keine Kräuter vom Straßenrand oder aus gut besuchten Parks sammeln. Gehen Sie lieber in den Wald!

Meine klassische Würzmischung – zusammen mit Olivenöl perfekt fürs zuckerfreie Salatdressing – habe ich immer in einem Döschen dabei:

- 1 TL Kurkuma
- 1 TL roter gemahlener Pfeffer (süßlich, frisch und angenehme Schärfe)
- 1 TL Oregano (oder Majoran, je nach Geschmack)
- 1 Msp Zimt
- 1 Msp Kreuzkümmel
- 1 Msp Meersalz
- 1 Msp Pfeffer
- 1 Miniprise Cayennepfeffer

6 Eier-Alternativen

1 Ei = 1 TL Chiasamen in 40 ml Wasser quellen lassen

1 Ei = eine halbe zerquetschte Banane

1 Ei = 30 ml Apfelmus

1 Ei = 3 TL Erdnussbutter

1 Ei = 1 TL Leinsamen in 3 TL Wasser quellen lassen

1 Ei = 1 TL Sojaprotein in 3 TL Wasser quellen lassen

10 Gewürze und Kräuter, die Sie immer vorrätig haben sollten

- Basilikum (frisch)
- Cayennepfeffer (gemahlen)
- Chilischote
- Kreuzkümmel
- Kurkuma
- Löwenzahn (im Sommer frisch, sonst getrocknet)
- Majoran (gerebelt)
- Minze (frisch oder getrocknet)
- Oregano (gerebelt)
- Petersilie (frisch)
- Salbei (frisch)
- Schnittlauch (frisch)
- Zimt

5 WICHTIGE HINWEISE
zu meinen Rezepten

1 Meiner Erfahrung nach ist Backofen nicht gleich Backofen. So kann die benötigte Backzeit bei dem Ofen einer Freundin oder meiner Mutter deutlich länger (oder schlimmer noch: kürzer) sein als bei meinem. Also einfach regelmäßig kontrollieren, wenn Sie ein Rezept zum ersten Mal ausprobieren.

2 TCM- und Ayurvedarezepte geben oft nur die Zutaten ohne Mengenangaben an. Auch gesundes Essen ist Geschmackssache – und jeder Mensch hat eben mal mehr, mal weniger Hunger. Insofern müssen Sie sich überhaupt nicht an meine Mengenangaben halten, denn es ist wichtig, sich satt zu essen. Bereiten Sie also ohne schlechtes Gewissen einfach mehr von neutralen Lebensmitteln wie Reis, Hirse oder Gemüse zu.

3 Natürlich können Sie die Lunch-Gerichte auch am Abend essen und umgekehrt, aber Sie werden merken, dass ich die üppigere Variante immer auf den Mittag gelegt habe, weil das Verdauungsfeuer (*Agni*, siehe Seite 28) zwischen 10 und 14 Uhr besonders kräftig lodert.

4 Wenn Sie ein Rezept mit saisonalem Obst unbedingt auch zur »falschen Zeit« zubereiten möchten, ersetzen Sie das frische Obst durch getrocknete Früchte.

5 Zu guter Letzt lade ich Sie dazu ein, meine Glücksrezepte nach Lust und Laune auszuprobieren, mit ihnen zu experimentieren und sie kreativ weiterzuentwickeln – solange die Zutaten bleiben. Sollten Sie beispielweise ein Gewürz gar nicht mögen, dann verwenden Sie es einfach jeweils in einer nicht zu schmeckenden Minidosis – Hauptsache, Sie lassen die Glückszutat nicht völlig unter den Tisch fallen. Und wenn es Ihrem Gefühl entspricht, so fügen Sie hier und da gerne etwas hinzu, zum Beispiel frische Kräuter oder ein weiteres Gewürz. Denn eine zuckerfreie Ernährung fördert das intuitive Essen: Vertrauen Sie ihrem Bauchgefühl!

Rezepte

ADIEU, ANGST! Wohlschmeckende Stabilisierer

Mut

ELEMENT
ERDE

ORGANE
LEBER UND GALLENBLASE

Crunchy Frühstücksbrei

Die Feigen in Stücke schneiden und mit Ingwer, Kokosmehl, Zimt und Kakaopulver in einer großen Schale mischen. Mit dem warmen Wasser übergießen und mindestens 15 Minuten ziehen lassen.

Das Obst waschen und trocknen, gegebenenfalls Kerngehäuse oder Steine entfernen. Die Trauben ganz lassen, größeres Obst in Würfel schneiden. Zusammen mit den gerösteten Kürbiskernen, Erdmandeln und Walnüssen ebenfalls in die Schale geben.

Vor dem Verzehr entweder heißes Wasser nachschütten oder das Frühstück im vorgeheizten Backofen bei 50 °C erwärmen.

FÜR 2 PORTIONEN

3 getrocknete Feigen (oder Medjoul-Datteln)

ca. 1 TL frisch geriebener Ingwer

15 g Kokosmehl

1 Msp. Zimtpulver

1 Msp. Kakaopulver

etwa 150 ml warmes Wasser (alternativ pflanzliche Milch nach Geschmack)

10 kleine rote Trauben

1 Handvoll Obst der Saison (z. B. 1 kleiner Apfel, 3 Pflaumen)

15 g geröstete Kürbiskerne

40 g gemahlene Erdmandeln

1 kleine Handvoll Walnüsse

AUSSERDEM:

1 EL Kokosflocken und Zimtpulver zum Garnieren

LUNCH

Kicher-Tofu-Bowl

Die getrockneten Kichererbsen über Nacht in kaltem Wasser einweichen. Am nächsten Tag abgießen, in einen Topf füllen, mit ausreichend frischem Wasser aufkochen und bei niedriger bis mittlerer Hitze 1–2 Stunden gar kochen. Dann abgießen.

Den Backofen auf 180 °C vorheizen. Die Tomaten waschen, putzen und würfeln. Mit 1 EL Öl, etwas Pfeffer, Cayennepfeffer, Thymianblättern und Brennnesseln vermengen. In einer ofenfesten Form verteilen und 30–40 Minuten im Backofen backen.

Zwiebel und Ingwer schälen, die Zwiebel würfeln und den Ingwer fein hacken. Die Kartoffeln schälen und würfeln.

Etwa die Hälfte des restlichen Olivenöls in einem Topf erhitzen und Zwiebeln mit Ingwer darin anschwitzen. Die Kartoffeln hinzugeben und mitbraten. Kichererbsen dazuschütten und die Gemüsebrühe dazugießen. Das Lorbeerblatt einlegen und alles 20–30 Minuten gar kochen. Anschließend das Lorbeerblatt entfernen.

Tofu würfeln. Das restliche Öl in einer Pfanne erhitzen und den Tofu darin anbraten. Mit der Tomatenmischung zu den Kichererbsen geben und mit Sojasauce würzen. Schnittlauch in Röllchen schneiden und das Gericht in einer großen Bowl mit Schnittlauchröllchen bestreut servieren.

FÜR 2 PORTIONEN

50 g getrocknete Kichererbsen

200 g Tomaten

2 EL Olivenöl

Pfeffer

1 Msp. Cayennepfeffer

2 Stängel Thymian

2 EL getrocknete Brennnesseln

1 kleine Zwiebel

1 kleines Stück Ingwer (ca. 2 cm)

200 g Kartoffeln

500 ml Gemüsebrühe

1 Lorbeerblatt

100 g geräucherter Tofu

2 EL Sojasauce

½ Bund Schnittlauch

Salz

Wilder Reis

FÜR 2 PORTIONEN

100 g Wildreis oder Vollkornreis

1 Stange Staudensellerie

2 Zwiebeln

je 40 g Rosinen, getrocknete Aprikosen und Trockenpflaumen

2 Stängel Salbei

je 40 g Mandeln und Cashewkerne

25 g Butter oder Pflanzenöl (z. B. Sonnenblumen- oder Rapsöl)

1 EL Mandelöl (alternativ Sonnenblumenöl)

100 ml Gemüsebrühe

Salz

Pfeffer

1 Prise Kurkuma

gemahlener Thymian

Den Wildreis in ein Sieb geben und unter kaltem Wasser abspülen. Mit reichlich Wasser in einen Topf geben und bei mittlerer Hitze 30–40 Minuten gar kochen, anschließend in ein Sieb abgießen.

Staudensellerie waschen, putzen und würfeln. Zwiebeln schälen und klein würfeln, das Trockenobst ebenfalls in Würfel schneiden. Salbeiblätter abzupfen und zusammen mit den Mandeln und Cashewkernen fein hacken.

In einer ausreichend großen Pfanne die Butter zerlassen oder das Öl erhitzen. Zwiebeln und Sellerie darin unter Rühren anschwitzen. Salbei und Nüsse hinzugeben und etwa 3 Minuten mitgaren.

Die Gemüsebrühe und das Trockenobst hinzugeben. Alles aufkochen, dann den Reis hinzugeben. Mit Salz, Pfeffer, Kurkuma und gemahlenem Thymian würzen.

Bärlauchsüppchen

Zwiebeln und Knoblauch schälen. Zwiebeln würfeln, Knoblauch hacken. Die Kartoffeln schälen und grob raspeln. Bärlauchblätter von den Stielen zupfen und hacken.

1 Zwiebel und Knoblauch in 1 EL Öl in einem Topf anschwitzen. Die Kartoffeln hinzugeben und unter Rühren etwa 5 Minuten mitdünsten.

Die Brühe hinzugießen und alles bei geschlossenem Deckel etwa 15 Minuten garen. Die Kokosmilch hinzugießen und die Suppe mit einem Stabmixer pürieren.

1 EL Öl in einer Pfanne erhitzen und die restliche Zwiebel darin goldbraun anrösten. Die gehackten Bärlauchblätter in die Suppe rühren, alles salzen, pfeffern und die Zitronenschale unterrühren. Zum Schluss die gerösteten Zwiebeln auf die Suppe geben.

FÜR 2 PORTIONEN

2 kleine rote Zwiebeln

1 Knoblauchzehe

300 g mehligkochende Kartoffeln

1 kleiner Bund Bärlauch

2 EL Olivenöl

350 ml Gemüsebrühe

80 ml Kokosmilch

Salz

Pfeffer

abgeriebene Schale von ½ unbehandelten Zitrone

Wok Delight

FÜR EINE GUT GEFÜLLTE WOK-PFANNE

5 EL Hirse

1 Handvoll Sojasprossen

8 Champignons

½ Knolle Fenchel

½ Chinakohl

1 rote Paprikaschote

3 EL Olivenöl

Pfeffer

1 Msp. Kurkuma

1 Spritzer Zitronensaft

2 EL Sojasauce

Die Hirse in ein Sieb geben und mit heißem Wasser abspülen. Anschließend mit reichlich Wasser in einem Topf etwa 30 Minuten gar kochen. In ein Sieb abgießen und abtropfen lassen.

Sprossen in ein Sieb geben, abspülen und abtropfen lassen. Gemüse waschen, putzen und fein schneiden.

Das Öl in einem Wok erhitzen und die Sprossen mit dem Gemüse etwa 15 Minuten unter Rühren garen. Dann die Hirse dazurühren und alles mit Pfeffer, Kurkuma, Zitronensaft und Sojasauce würzen.

Bärlauchpesto

Sonnenblumenkerne und Cashewkerne in einer Pfanne ohne Fettzugabe goldgelb rösten, dann abkühlen lassen und hacken.

Bärlauchblätter von den Stielen zupfen und hacken. Beide Kernsorten mit Bärlauch und Olivenöl in eine Schüssel geben und mit dem Stabmixer pürieren. Das Pesto mit Salz und Pfeffer würzen und den Zitronensaft unterrühren. Mindestens 1 Stunde ziehen lassen.

TIPP: Das Bärlauchpesto passt perfekt zu Vollkornnudeln.

FÜR CA. 6 PORTIONEN

2 EL Sonnenblumenkerne

60 g Cashewkerne

2 Bund Bärlauch

130 ml Olivenöl

Salz

Pfeffer

1 Spritzer Zitronensaft

Göttin der GESUNDHEIT

Asklepios, der griechische Gott der Heilkunde, hatte zwei Töchter: Panakeia und Hygeia. Diese beiden Damen repräsentierten jeweils eine Form, wie die Menschen nach Sicht der alten Griechen ihre Gesundheit wiederzuerlangen beziehungsweise zu erhalten gedachten. Die Göttin Panakeia gilt als »Allheilerin«, weil sie die Fähigkeiten der Medizin und Zauberei besitzt. Nach ihr ist deshalb auch das mythische Universalheilmittel Panazee benannt, wonach die Alchemisten mindestens ebenso verbissen wie vergeblich forschten wie nach der Formel zur Goldherstellung.

Insofern kann es wahrlich nicht schaden, sich lieber an den göttlichen Weisungen der Hygeia zu orientieren, schließlich ist sie die Göttin der Gesundheit. Ihr Erfolgsrezept, um Krankheiten von vornherein zu vermeiden: die richtige Ernährung und Lebensweise. Nicht umsonst wird Hygeia oft mit einem glückverheißenden Füllhorn, überquellend von Früchten und Blumen, dargestellt. Und schließlich ist sie natürlich Namensgeberin eines wichtigen Fachgebiete der Medizin: Hygiene, was so viel bedeutet wie Gesundheitspflege.

Hygeias Botschaft: Esst Obst und Gemüse, wascht euch die Hände und bleibt gesund und glücklich!

Pink Heaven

Die Grapefruit schälen und in Stücke schneiden. Sellerie waschen, putzen und in Stücke schneiden. Die Erdbeeren waschen und putzen, die Banane schälen und in Stücke schneiden.

Obst und Gemüse in einen Mixer geben und pürieren. Den Tee dazugießen und die Gewürze dazustreuen. Sämig mixen, auf Gläser verteilen und mit Sellerieblättchen garniert servieren.

FÜR 2 PORTIONEN

1 rosa Grapefruit

1 Stange Staudensellerie (inkl. einige Blätter zum Garnieren)

1 Handvoll Erdbeeren

1 Banane

500 ml grüner oder weißer Tee (10 Minuten gezogen)

1 TL abgeriebene Schale von 1 unbehandelten Zitrone

je 1 Mini-Prise Thymian, Zimt und Kurkuma

Glücksbällchen à la Aprikose

FÜR 10 STÜCK

5 getrocknete Aprikosen

2 EL Rosinen

1 EL Mandelmus

1 EL Apfelsaft

1 EL Mandelmilch

je 1 Mini-Prise Salz, Kurkuma und Cayennepfeffer

2 EL Hafer-Schmelzflocken

AUSSERDEM:

gerösteter Leinsamen und geröstete Sesamsamen zum Wälzen

Das Trockenobst in kleine Stücke schneiden und in einer Schale mit Mandelmus, Apfelsaft und Mandelmilch verrühren. Salz und Gewürze hinzugeben und alles abgedeckt etwa 30 Minuten ziehen lassen.

Die Mischung in einem Standmixer pürieren, dann in eine Schale umfüllen und die Schmelzflocken unterrühren. Mit der Hand etwa 10 kleine Kugeln daraus rollen und diese in den gerösteten Samen wälzen.

Eis. Eis. Baby

FÜR 2 PORTIONEN

3 Bananen

1 Mango

1 Handvoll Erdbeeren

1 Handvoll kleine Weintrauben ohne Kerne

10 Heidelbeeren

Saft von ½ Zitrone

jeweils 1 Prise Zimt und Kurkuma

5 Minzblätter

AUSSERDEM:

Minzblätter, Heidelbeeren oder Erdbeeren zum Garnieren

Bananen und Mango schälen und das Fruchtfleisch in Stücke schneiden. Die Erdbeeren waschen, putzen und würfeln. Alle drei Obstsorten in ein gefriergeeignetes Glas geben.

Weintrauben und Heidelbeeren waschen und vorsichtig trocken tupfen. In ein zweites gefriergeeignetes Glas geben. Beide Gläser verschließen und für mindestens 6 Stunden (oder über Nacht) tiefkühlen.

Beide Gläser etwa 15 Minuten vor dem Verzehr aus dem Tiefkühlfach holen und leicht antauen lassen. Die Bananenmischung mit Zitronensaft und Zimt in einer Küchenmaschine pürieren. Die Trauben-Heidelbeer-Mischung mit Kurkuma und Minzblättern pürieren.

Das Eis in einem hübschen Schraubglas und mit Minze, Heidelbeeren oder Erdbeeren garniert servieren.

BEVOR ICH AN DIE DECKE GEHE: Leckerbissen zum Runterkommen

Gelassenheit

ELEMENT
METALL
ORGANE
LUNGE UND DICKDARM

Landkuchen

FÜR 2 PORTIONEN

2 EL Chiasamen

250 g Sojajoghurt

4 EL Olivenöl

Salz

Pfeffer

1 Prise Zimt

80 g Kürbiskernmehl

120 g Dinkelmehl

1 Tütchen Backpulver

50 g Hefeflocken

35 g Kürbiskerne

15 getrocknete Tomaten, in Öl eingelegt

2 Zweige Thymian

AUSSERDEM:

Olivenöl oder Butter zum Einfetten

Die Chiasamen mit 10 EL Wasser in eine Schüssel geben und abgedeckt mindestens 15 Minuten quellen lassen.

Den Backofen auf 180 °C vorheizen. Eine Kastenform (30 cm) mit Öl oder Butter einfetten.

Die gequollenen Chiasamen, Joghurt, Olivenöl, etwas Salz, Pfeffer und Zimt in einer Schüssel vermischen.

Beide Mehlsorten mit dem Backpulver vermengen, dann zur Joghurt-Mischung rühren. Alle restlichen Zutaten ebenfalls hinzugeben und die Mischung gut verrühren. In die Kastenform füllen und im vorgeheizten Backofen 30–40 Minuten backen.

Den Landkuchen aus dem Ofen holen und am besten noch warm genießen.

TCM-Grünkernmüsli

FÜR 2 PORTIONEN

200 g Grünkern

1 EL Süßrahmbutter oder Margarine (aus Sonnenblumen- oder Rapsöl)

Pfeffer

Zimt

600 ml Gemüsebrühe (alternativ Wasser)

450 g abgetropfte Sauerkirschen aus dem Glas (alternativ 140 g getrocknete Sauerkirschen)

je 1 Prise Paprikapulver und Salz

2 Eigelbe

Den Grünkern in einem Topf bei mittlerer Hitze etwa 10 Minuten rösten, dabei ab und zu umrühren.

Butter oder Margarine hinzugeben, dann etwas Pfeffer und Zimt. Die Gemüsebrühe hinzugießen und alles etwa 15 Minuten sanft köcheln lassen. Anschließend den Herd abstellen und die Mischung auf der Restwärme weitere 5 Minuten ziehen lassen, währenddessen die Sauerkirschen darübergeben (getrocknete Sauerkirschen unterrühren).

Vor dem Servieren den Brei mit Paprikapulver und Salz würzen und die Eigelbe unterrühren.

Black Bean Pasta

Die Nudeln gar kochen. Währenddessen Mandelmus mit 100 ml Wasser und den Gewürzen im Standmixer pürieren.

Rhabarber waschen, putzen und in lange Streifen schneiden. Rucola putzen, waschen und abtropfen lassen. Die Dattel klein hacken. Rhabarber, Rucola und Dattel mit dem Walnussöl vermischen.

Für die Sauce die Frühlingszwiebeln waschen, putzen und in Röllchen schneiden. Mit Mandelöl, Milch, Senf und Zitronenschale mit dem Stabmixer pürieren.

Die Nudeln abgießen und abtropfen lassen. Rhabarber-Rucola-Mischung mit der Mandelmus-Masse zur warmen Pasta geben. Mit Sauce und Mandelsplittern garniert servieren.

FÜR 2 PORTIONEN

100 g glutenfreie Nudeln (z. B. aus schwarzen Bohnen)

60 g weißes Mandelmus

1 Prise Kurkuma

1 Prise Cayennepfeffer

Salz

Pfeffer

1 Stange Rhabarber

100 g Rucola

1 Medjoul-Dattel

30 ml Walnussöl (alternativ Mandelöl)

FÜR DIE SAUCE:

3 Frühlingszwiebeln

50 ml Mandelöl (alternativ Walnussöl)

2 EL Soja- oder Mandelmilch

1 TL Senf

1 TL abgeriebene Schale von 1 unbehandelten Zitrone

AUSSERDEM:

geröstete Mandelsplitter zum Garnieren

FÜR 2 PORTIONEN

225 g mehligkochende Kartoffeln

je 1 EL Pinienkerne und kleine grüne Oliven

je 5 Stängel glatte Petersilie und Basilikum

1 Eigelb

Pfeffer

1 Prise Oregano

6 kleine Zucchini mit Blüten

50 g Sojajoghurt

1 Frühlingszwiebel

¼ Bund Schnittlauch

1 EL Olivenöl

Salz

Die Kartoffeln etwa 30 Minuten gar kochen, dann pellen und stampfen. Pinienkerne in einer beschichteten Pfanne ohne Fett goldgelb rösten, abkühlen lassen und fein hacken. Oliven klein schneiden, Kräuterblätter von den Stielen zupfen und fein schneiden. Alles in einer Schüssel mit dem Eigelb vermengen und dabei mit Pfeffer und Oregano würzen.

Zucchini und Blüten vorsichtig voneinander trennen. Falls die Blüten geschlossen sind: kurz bei Zimmertemperatur in eine Schale mit Wasser legen, dann lassen sie sich leichter öffnen. Den Blütenstempel herausdrehen und die Kartoffelmasse hineinfüllen. Mit Sojajoghurt abschließen und die Blütenblätter oben leicht zusammendrehen.

In einen großen Topf so viel Wasser gießen, bis der Boden etwa 1 cm hoch bedeckt ist, dann die Blüten darin bei niedriger Hitze etwa 10 Minuten schmoren.

Zucchini putzen und würfeln. Die Frühlingszwiebel waschen, putzen und in feine Ringe schneiden, Schnittlauch in feine Röllchen schneiden.

Das Olivenöl in einer Pfanne erhitzen, Zucchini und Zwiebel darin kurz anbraten, dann salzen und pfeffern. Mit den Zucchiniblüten anrichten und mit Schnittlauchröllchen bestreut servieren.

LUNCH

Greek Zucchiniblumen

Hot Chicorée

FÜR 2 PORTIONEN

1 Zwiebel

1 kleines Stück Ingwer (ca. 2 cm)

1 unbehandelte Zitrone

4 Stauden Chicorée

1 EL Olivenöl

ca. 1 TL Kreuzkümmelsamen (Menge nach Belieben)

1 TL Curry

1 TL Bockshornkleeblätter

1 Msp. Kurkuma

Salz

Pfeffer

Den Backofen auf 180 °C vorheizen. Zwiebel und Ingwer schälen. Zwiebel fein würfeln und Ingwer reiben.

Die Zitrone heiß abwaschen, dann in Scheiben schneiden und in etwas kochendes Wasser legen. Chicorées waschen, putzen und vierteln. In das kochende Zitronenwasser legen und maximal 10 Minuten bissfest dünsten.

Das Öl in einer Pfanne erhitzen und die Kreuzkümmelsamen darin anbraten. Zwiebel und Ingwer dazugeben und braun rösten.

Curry, Bockshornkleeblätter und Kurkuma hinzugeben. Alles etwa 5 Minuten weiterschmoren, dann mit einer halben Tasse Wasser ablöschen und nach Geschmack salzen und pfeffern.

Den Chicorée in eine ofenfeste Auflaufform legen und die Gewürzmischung aus der Pfanne darüber verteilen. Im vorgeheizten Ofen etwa 20 Minuten backen.

Tofu-Wok

Sellerie, Kartoffeln und Karotten schälen und würfeln. Tofu ebenfalls würfeln. Lauch putzen, waschen, halbieren und in Scheiben schneiden. Zwiebeln schälen und hacken, Trauben waschen und trocknen.

2 EL Öl in einer Pfanne erhitzen und den Tofu darin etwa 15 Minuten braun anbraten.

Das Paprikapulver in einem Wok etwa 2 Minuten rösten. Das restliche Öl dazugießen und Kartoffeln, Karotten, Sellerie, Zwiebeln, Lauch und Trauben dazugeben. Die Gemüsebrühe angießen und die Mischung etwa 20 Minuten gar kochen.

Die Tofuwürfel darüberstreuen und alles mit Kurkuma, Kreuzkümmel, Salz und Pfeffer würzen.

FÜR 1 GUT GEFÜLLTEN WOK

1 Knollensellerie

4 große Kartoffeln

2 große Karotten

400 g Tofu

4 große Stangen Lauch

2 große Zwiebeln

5 kleine rote Trauben (alternativ Rosinen)

4 EL Olivenöl (alternativ Sonnenblumenöl)

1 TL Paprikapulver edelsüß

250 ml Gemüsebrühe

je 1 Prise Kurkuma und Kreuzkümmel

Pfeffer · Salz

SNACK

Kaffee à la Banana

Die Mandelsplitter in einer beschichteten Pfanne ohne Fett goldgelb rösten, dann vom Herd ziehen.

Die Banane schälen, klein schneiden und mit Hafermilch und Kaffee im Standmixer pürieren. Auf Gläser verteilen und mit Mandelsplittern und etwas Zimt bestreut servieren.

FÜR 2 PORTIONEN

1 EL Mandelsplitter

1 Banane

400 ml Hafermilch

200 ml Kaffee
(oder 100 ml Espresso)

1 Msp. Zimt

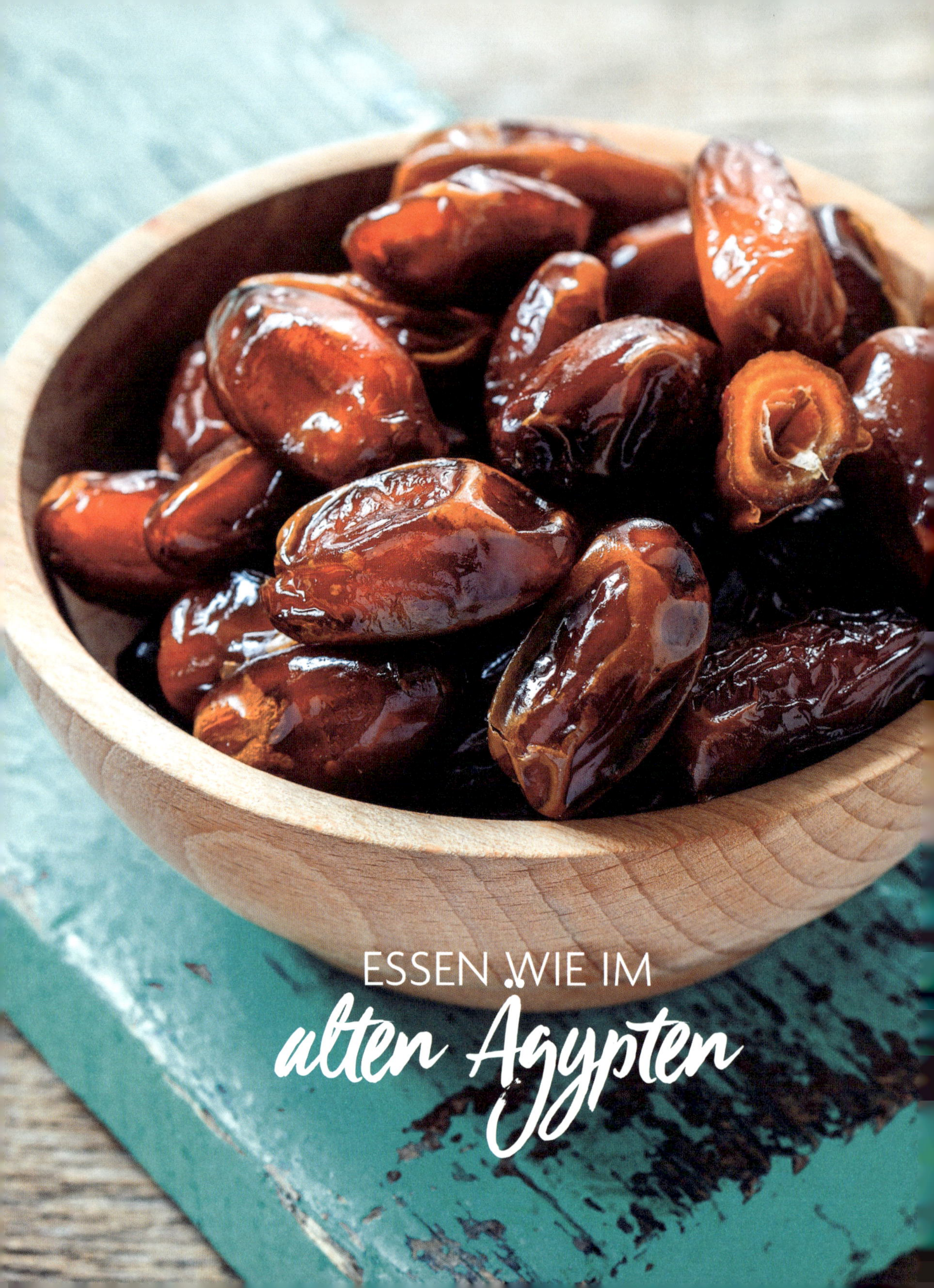

ESSEN WIE IM alten Ägypten

Datteln sind die Früchte der Dattelpalme und werden auch als »Brot der Wüste« bezeichnet. Laut einer arabischen Legende soll Allah bei der Schöpfung der Welt noch zwei Klümpchen Erde übrig gehabt haben: Aus dem einen formte er das Dromedar, aus dem anderen die Dattel. In hiesigen Super- und Biomärkten werden die süßen Früchte meist in getrockneter Form (ihr Zuckeranteil ist besonders hoch!) verkauft. Leider ist dieses Obst nicht aus regionalem Anbau zu haben, aber ich achte darauf, dass es zumindest aus Europa kommt und ich es nicht ständig esse. Zwar ist Dattel nicht gleich Dattel – insgesamt soll es gut 1500 Sorten geben –, aber ich bin schon glücklich und zufrieden, wenn ich die aromatische Medjoul-Dattel zu schmecken bekomme. Womöglich sind meine Vorfahren einst von Ägypten nach Griechenland ausgewandert. Wie sonst sollte ich meine hingebungsvolle Liebe zu diesem Luxusobst erklären?

Auf vielen altägyptischen Wand- und Grabmalereien sind üppige Festmähler mit unterschiedlichsten Nahrungsmitteln dargestellt. Man könnte meinen, Ägypter verfügten über endlose Vorräte an Lebensmitteln. Viel wahrscheinlicher aber ist es, dass der Durchschnittsägypter sich mit einem eher kargen Speiseplan begnügen musste: Brot, (Hafer-)Bier und Zwiebeln. Dafür aber gab es von dem Grundnahrungsmittel Brot immerhin fast vierzig Sorten, hergestellt aus verschiedenen Mehlsorten, verfeinert mit Milch und Eiern, oft gesüßt mit Datteln. Für die alten Ägypter war ihr hoher Zuckergehalt besonders praktisch, weil Zucker wie ein natürliches Konservierungsmittel wirkt und die eierförmigen Früchte haltbar macht. Fleisch hingegen war für das heiße Klima gar nicht geeignet und den religiösen Festtagen vorbehalten.

Bei den Reichen sah die Welt der Speisen allerdings um einiges mannigfaltiger aus: Bohnen, (Knob-)Lauch, Kürbis, Gurken, Feigen, Granatäpfel … Und vor allem versüßten sie sich ihren privilegierten Alltag gerne mit kostbarem Honig, auch wenn sie dafür mit kariösen Zähnen bezahlen mussten. Hätten sie sich lieber an die gesunde Dattel gehalten: Sie wirkt stresslindernd, stärkt das Immunsystem, senkt den Blutdruck, hemmt Entzündungen und spendet Energie. Ein echtes Zauberfrüchtchen.

Clean Ketchup

Zwiebel und Knoblauch schälen und fein würfeln. Die Tomaten waschen, putzen und würfeln.

Das Olivenöl in einem Topf erhitzen. Zwiebel und Knoblauch darin kurz anbraten. Die Thymianblätter abzupfen und mit Wacholder, Tomaten, Zitronensaft, Apfelsaft, Chilischote (entkernt und gehackt), Pfeffer, Senfsamen, Zimt und Salz hinzugeben. Alles verrühren und abgedeckt etwa 30 Minuten bei sanfter Hitze köcheln lassen, dabei ab und an umrühren.

Die Masse durch ein Sieb in eine Schüssel streichen, dann zurück in den warmen Topf geben. Mit Salz abschmecken und in verschließbare Gläser oder Flaschen füllen. Im Kühlschrank aufbewahren und innerhalb von 1 Woche verbrauchen.

FÜR 200 ML

1 rote Zwiebel

1 Knoblauchzehe

7 Tomaten

1 EL Olivenöl

2 Zweige Zitronenthymian (alternativ »normaler« Thymian)

5 Wacholderbeeren

Saft von 1 Zitrone (alternativ 1 EL Apfelessig)

2 EL Apfelsaft

1 Chilischote

Pfeffer

1 TL Senfsamen

1 Mini-Prise Zimt

Salz

Kale-Chips

6 Handvoll Grünkohlblätter

2 EL Olivenöl

Salz

Pfeffer

Den Backofen auf 180 °C vorheizen. Ein Backblech mit Backpapier belegen. Die Grünkohlblätter grob schneiden und in eine Schüssel geben. Olivenöl, etwas Salz und Pfeffer hinzugeben. Alles gut vermengen und auf dem Backblech verteilen.

Grünkohlblätter im vorgeheizten Ofen etwa 10 Minuten backen.

Aprikosen-Chutney

250 g Aprikosen (entsteint gewogen)

1 Schalotte

50 g Datteln ohne Stein

1 kleines Stück Ingwer (ca. 1 cm)

1 Prise Salz

1 TL Apfelessig

1 Prise Kurkuma

Die Aprikosen würfeln, Schalotte schälen und fein hacken, Datteln ebenfalls fein hacken, den Ingwer reiben.

Alle Zutaten zusammen mit 2 EL Wasser in einen Topf geben. Mit geschlossenem Deckel bei niedriger Temperatur etwa 20 Minuten köcheln. Vom Herd ziehen und mit dem Stabmixer pürieren.

WENN'S IM HERZEN REGNET: Umarmende Leckereien

Freude

ELEMENT
METALL
ORGANE
LUNGE UND DICKDARM

Pfannkuchen à la Mohn

Kokos- und Dinkelmehl mit Guarkernmehl, Backpulver, Natron, Salz und Mohn vermischen. Die Datteln längs aufschneiden, die Steine entfernen und das Fruchtfleisch würfeln. Unter die Mehlmischung rühren.

Hafermilch, Mineralwasser und Apfelessig dazurühren, bis ein glatter Teig entstanden ist. Abgedeckt etwa 15 Minuten stehen lassen.

In einer Pfanne im heißen Kokosöl kleine Pfannkuchen von beiden Seiten goldgelb ausbacken, dafür pro Pfannkuchen etwa 1 EL Teig in die Pfanne geben. Mit Zimt bestäubt servieren.

TIPP: Dazu schmeckt Apfelmus und Mandelmus. Sie können auch einen Apfel in schmale Streifen schneiden, im Saft einer Orange andünsten und zusammen mit dem Pfannkuchen servieren.

FÜR 2 PORTIONEN

40 g Kokosmehl

140 g Dinkelvollkornmehl

1 EL Guarkernmehl

2 TL Backpulver

1 TL Natron

1 Prise Salz

1 EL Mohn

5 Datteln (entkernt, gewürfelt)

600 ml Hafermilch

180 ml Mineralwasser (mit Kohlensäure)

1 TL Apfelessig

3 TL Kokosöl

AUSSERDEM:

Zimt zum Bestreuen

Kokosriegel

FÜR 8 STÜCK

1 EL frisch gepresster Zitronensaft

1 TL Chiasamen

3 Medjoul-Datteln

1 TL Kokosöl

1 EL Apfelmus

40 g Kokosraspeln

1 TL abgeriebene Schale von 1 unbehandelten Zitrone

40 g Haferflocken

1 Msp. Backpulver

1 Prise Salz

AUSSERDEM:

Zimt zum Bestreuen

Zitronensaft mit Chiasamen in einer Tasse verrühren und etwa 30 Minuten stehen lassen.

Den Backofen auf 180 °C vorheizen. Ein Backblech mit Backpapier belegen. Die Medjoul-Datteln klein hacken. Kokosöl und Apfelmus in einer zweiten Tasse vermischen, gequollene Chiasamen und Datteln dazugeben

In einer kleinen Schale Kokosraspel, Zitronenschale, Haferflocken, Backpulver und Salz verrühren, dabei 2 TL Kokosraspeln für später zurückbehalten.

Alle Zutaten miteinander vermengen, dann auf dem Backblech in eine rechteckige Form drücken. Die restlichen Kokosraspeln darüberstreuen und etwas Zimt darüberstäuben. Etwa 30 Minuten backen und anschließend in 8 Riegel schneiden.

Zauberhafte ZITRONE

Sauer ist sie, macht aber bekanntlich lustig. Und da ist tatsächlich etwas Wahres dran: Wer zu depressiven Verstimmungen neigt oder sich aggressiv fühlt, sollte jeden Tag frisch gepressten, belebenden Zitronensaft trinken, ob nun in kaltem oder heißem Wasser. Wenn ich morgens als Erstes mein obligatorisches Glas warmes Wasser (pur!) getrunken habe, gehe ich beim nächsten Glas dazu über, Zitronensaft hineinzupressen. Meine Leber freut's, weil sie beim Ausscheiden der über Nacht angesammelten Giftstoffe unterstützt wird. Das enthaltene Vitamin C bringt zusätzlich in Schwung und stärkt gleichzeitig das Immunsystem, indem es die weißen Blutkörperchen aktiviert. Wegen seiner antibakteriellen Wirkung hilft das saure Früchtchen übrigens auch bei akuten Halsschmerzen.

Für die zuckerfreie Ernährung besonders vorteilhaft ist die blutzuckersenkende Wirkung der kalorienarmen Zitrone. Und wer seiner Cellulite nicht nur zu Leibe rücken will, indem der Hauptverursacher Zucker vom Speiseplan verschwindet, der sollte sich häufiger eine Extraportion Zitronensaft gönnen, denn der trägt unter anderem zur Kollagenbildung bei.

Ursprünglich in Indien beheimatet gelangte die Zitrone (oder Limone) im Mittelalter – den Seefahrern sei Dank – auch nach Europa, zunächst nach Sizilien und Spanien, im 1. Jahrhundert auch nach Deutschland. Die zauberhafte Zitrone avancierte schon bald zu einem beliebten Stilllebenmotiv, wo sie – im Gegensatz zum wollüstigen Zuckerwerk – Mäßigung symbolisierte. Gleichzeitig galt sie als Sinnbild des Lebens und wurde nicht zuletzt deshalb zum Schutz vor lebensfeindlichen Kräften wie Gift und Krankheiten, aber auch vor bösem Zauber eingesetzt. Wenn das kein Grund ist, öfter mal in eine saure Zitrone zu beißen …

Happy Dinkelbrot

FÜR ETWA 30 SCHEIBEN (KASTENFORM 30 CM)

je 30 g Leinsamen, Sesamsaat, Kürbiskerne und Sonnenblumenkerne

500 g Dinkelvollkornmehl

1 Päckchen Trockenhefe

1 EL Salz

AUSSERDEM:

Margarine oder Sonnenblumenöl zum Einfetten

Dinkelmehl zum Ausstreuen

Leinsamen und Sonnenblumenkerne zum Bestreuen

Alle Zutaten in einer großen Schüssel miteinander vermengen. 500 ml Wasser hinzugießen und gut verrühren. Abgedeckt mit einem Tuch an einem warmen Ort (z. B. neben der Heizung oder an einem sonnigen Platz) etwa 1 Stunde ruhen lassen.

Den Backofen auf 180 °C vorheizen, eine Kastenform einfetten und mit Dinkelmehl ausstreuen.

Den Teig gut durchkneten. In die Form geben und ein paar Leinsamen oder Sonnenblumenkerne darüberstreuen. 50–60 Minuten backen, dann aus der Form lösen und auf einem Kuchengitter auskühlen lassen.

Dazu schmeckt Salat, Pesto oder ein pflanzlicher Aufstrich.

Walnuss-Hirse

Die Mandeln in einer beschichteten Pfanne ohne Fett goldbraun rösten. Hirse und Reis in ein Sieb geben, mit heißem Wasser abspülen, dann in einen Topf schütten und in reichlich Wasser etwa 20 Minuten gar kochen.

Die Walnüsse hacken, den Ingwer schälen und fein reiben. Beides zusammen mit dem Kardamom zum Reis geben und etwa 25 weitere Minuten bei sehr niedriger Hitze quellen lassen.

Salz, Zimt, Kurkuma, Walnussöl und Mandelmus unterrühren, dann servieren.

Dazu schmecken Gemüsechips aus dem Ofen: Dafür 2 Frühlingszwiebeln, 5 Champignons, je 1 rote Paprikaschote, Pastinake, Wurzelpetersilie und Karotte gewaschen, geputzt und gegebenenfalls geschält in Streifen schneiden und im vorgeheizten Backofen bei 180 °C etwa 25 Minuten backen.

FÜR 2 PORTIONEN

1 Handvoll Mandeln

50 g Hirse

50 g Vollkornreis

1 Handvoll Walnüsse

1 kleines Stück Ingwer (ca. 1 cm)

1 Msp. Kardamom

1 Prise Salz

je 1 Msp. Zimt und Kurkuma

1 EL Walnussöl

1 EL Mandelmus

Federleichte Rouladen

FÜR CA. 4 STÜCK

1 Tasse Sojabohnen

1 Tasse roter Reis (alternativ Naturreis)

1 Chinakohl

1 kleines Stück Ingwer (ca. 2 cm)

1 Zwiebel

je 1 Msp. Cayennepfeffer, Zimt, Kurkuma, Currypulver

5 Stängel glatte Petersilie

3 Zweige Thymian (alternativ 2 TL getrockneter und gemahlener Thymian)

Salz

Pfeffer

Die Sojabohnen in eine ausreichend große Schüssel geben, mit reichlich kaltem Wasser bedecken und abgedeckt über Nacht darin einweichen. Am nächsten Tag abgießen, mit frischem Wasser aufsetzen und in etwa 45 Minuten weich kochen.

Den roten Reis in ein Sieb geben, abspülen und anschließend in einem zweiten Topf mit reichlich Wasser ebenfalls in 30 Minuten weich kochen. Beides anschließend abgießen und abtropfen lassen, dann in einer Schüssel miteinander mischen.

Den Chinakohl putzen, waschen und einzelne Blätter in fast kochendem Wasser blanchieren. Dann abtropfen lassen und auf einer Arbeitsfläche ausbreiten.

Den Ingwer schälen und fein reiben. Die Zwiebel schälen und fein würfeln. Beides mit Gewürzen und Kräutern, Salz und Pfeffer zur Reismischung rühren.

Die Masse auf die Chinakohlblätter verteilen und darin einwickeln. In einem geschlossenen Topf in wenig Wasser bei kleiner Hitze etwa 20 Minuten dämpfen.

Chinakohl à la Ayurveda

Die Erbsen über Nacht in Wasser einweichen. Am nächsten Tag in ein Sieb abgießen.

Chinakohl putzen, waschen, abtropfen lassen und in Streifen schneiden. Die Kartoffeln schälen und würfeln.

Kreuzkümmel und Koriander in einer beschichteten, großen Pfanne im Walnussöl anrösten, bis die Körner anfangen zu hüpfen. Chinakohl hinzugeben und nach 5 Minuten Erbsen und Kartoffeln.

Unter Rühren etwa 5 Minuten dünsten, dann 100 ml Wasser angießen. Ingwer-Pulver, Kurkuma und Curry unterrühren, alles etwas pfeffern und ohne Deckel so lange schmoren, bis das Wasser verdampft ist und Kartoffeln und Erbsen gar sind. Eventuell etwas Wasser nachgießen.

Erst, wenn die Erbsen gar sind, das Gericht mit Salz abschmecken.

FÜR 2 PORTIONEN

200 g getr. Erbsen (getrocknet, über Nacht eingeweicht)

300 g Chinakohl

300 g Kartoffeln

1 Msp. Kreuzkümmelkörner

1 TL Korianderkörner (nach Belieben ganz lassen oder mahlen)

2 EL Walnussöl

1 TL gemahlener Ingwer

je 1 Msp. Kurkuma und Currypulver

Salz

Pfeffer

Kicher-Chips

Die Kichererbsen in eine Schüssel füllen und mit reichlich kaltem Wasser bedecken. Abgedeckt über Nacht darin einweichen. Am nächsten Tag abgießen und mit ausreichend frischem, ungesalzenem Wasser in 45 Minuten gar kochen. Dann abgießen und abtropfen lassen.

Den Backofen auf 180 °C vorheizen. Ein Backblech mit Backpapier belegen. Alle Zutaten, außer den Kichererbsen, in einer Schale verrühren. Dann die Kichererbsen hinzugeben und alles gut vermengen. Auf dem Backblech verteilen und etwa 20 Minuten crispy backen. Am besten noch warm genießen.

125 g getrocknete Kichererbsen

je ½ TL Koriander, Currypulver und Paprikapulver

1 Msp. Kreuzkümmel

1 EL Walnussöl

Salz

Selfmade Hafermilch

FÜR 1 LITER

100 g blütenzarte Haferflocken

1 Msp. Salz

3 Medjoul-Datteln (alternativ 5 »normale« Datteln)

In einem Topf 1 Liter Wasser aufkochen, die Haferflocken hineinschütten und darin unter Rühren 5 Minuten kochen. Dann den Herd abstellen und die Mischung über Nacht abgedeckt stehen lassen. Am nächsten Tag in einen Mixer umfüllen und pürieren.

Die Datteln entsteinen und hacken. Zu den Haferflocken geben und noch einmal pürieren, bis die Masse glatt und cremig ist. In einen Passierbeutel umfüllen und in ein Behältnis pressen.

Die Hafermilch in eine verschließbare Flasche umfüllen, im Kühlschrank aufbewahren und innerhalb von 5 Tagen verbrauchen. Vor jedem Gebrauch durchschütteln.

FROHGEMUT DURCH DEN TAG: Kulinarisches für mehr Zuversicht

Vertrauen

ELEMENT
ERDE

ORGANE
MILZ UND MAGEN

Pumpkin Pie

FÜR 30 STÜCKE (KASTENFORM 30 CM)

2 EL Chiasamen

500 g Hokkaido-Kürbis

150 g Medjoul-Datteln

1 Vanilleschote

50 g Cashewkerne

400 g Mandelmehl

130 g Mandelöl (alternativ Sonnenblumenöl)

je 1 Prise Salz und Kurkuma

1 EL Zimt

1 TL Weinsteinbackpulver

AUSSERDEM:

Fett für die Form

Die Chiasamen bis zur weiteren Verwendung in 8 EL Wasser einweichen. Den Backofen auf 180 °C vorheizen, eine Kastenform einfetten.

Den Kürbis waschen, putzen, in Streifen schneiden und raspeln oder in der Küchenmaschine fein zerreiben (Hokkaido-Kürbis muss nicht geschält werden). Die Datteln entsteinen. Vanilleschote längs aufschneiden und das Mark herausschaben. Die Cashewkerne hacken.

Alle Zutaten in eine Küchenmaschine geben und cremig mixen. In die Kuchenform füllen und im vorgeheizten Ofen etwa 1 Stunde backen. Aus der Form holen und auf einem Kuchengitter abkühlen lassen. Dann am besten mit Mandel- oder Erdnussmus genießen.

TIPP: Wer mag, legt nach 15 Minuten Backzeit Backpapier über den Kuchen. So macht es meine Mutter immer.

Guten-Morgen-TCM

FÜR 2 PORTIONEN

100 g Hirse

100 g Räuchertofu

2 Tomaten

10 grüne Oliven

Pfeffer

1 Msp. Kurkuma

je 3 Stängel Koriander und glatte Petersilie

1 Stängel Beifuß

1 kleines Stück Ingwer (ca. 2 cm)

Salz

1 Mini-Prise Zimt

Die Hirse in ein Sieb geben und mit heißem Wasser abspülen. Dann in reichlich frischem Wasser etwa 30 Minuten gar kochen.

In der Zwischenzeit den Tofu würfeln und die letzten 10 Minuten mitgaren. Dann alles in ein Sieb gießen, das überschüssige Wasser abtropfen lassen. Zurück in den Topf füllen.

Die Tomaten waschen, putzen und würfeln. Die Oliven entsteinen und halbieren. Unter die Hirse rühren. Mit Pfeffer und Kurkuma würzen.

Die Kräuterblätter abzupfen und fein hacken. Ingwer schälen und fein reiben. Kräuter unter die Hirse rühren und alles mit Salz abschmecken. Dann Ingwer und Zimt darüberstreuen und servieren.

Das AMAZONENKRAUT

Die sagenumwobenen Amazonen gehören zu meinen Lieblingsfiguren der griechischen Mythologie. Allein die Herkunft ihres Namens ist bis heute ein Mysterium. Ihre Eigenschaften jedoch sind unumstritten: wild, kriegerisch, unabhängig und wagemutig. Um später den Bogen bestmöglich halten zu können, sollen die Mütter ihren Töchtern sogar die rechte Brust verstümmelt haben. Von den Bildhauern der Antike wurden die Amazonen allerdings stets mit zwei schönen Brüsten dargestellt. Denn obwohl die mythischen Frauen alles Männliche verachteten, vergötterten die alten Griechen sie regelrecht. Amazonen lebten zwar grundsätzlich ohne Männer, feierten aber einmal im Jahr ein Fest mit den erfolgreichsten Feldherren, um für adäquaten Nachwuchs zu sorgen. Die Amazonenkönigin Thalestris beispielsweise erwählte sich keinen Geringeren als Alexander den Großen.

Die Hauptstadt der Amazonen, Themiskyra, soll an der Schwarzmeerküste gelegen haben. Von dort aus starteten sie ihre Kriegszüge: Eiskalt und brutal traten sie ihren männlichen Feinden entgegen und waren nur mit besonderer Kriegskunst und Klugheit zu besiegen. Zwar konnten bislang kein Historiker und keine Historikerin einen hundertprozentigen Beweis für die Existenz der Amazonen liefern, aber ich bin davon überzeugt, dass es sie gab – schließlich stammen meine Urgroßeltern vom Schwarzen Meer, und ich erkenne meine Amazonenwurzeln, sobald ich in der Küche werkele: Genau wie ich bereiteten Amazonen nämlich nur Gerichte zu, die Kraft spenden und die Abwehrkräfte stärken, die schnell zubereitet werden können und sich leicht ins Feld mitnehmen lassen …

Deshalb muss Beifuß, auch Frauenkraut genannt, das magische Kraftkraut der Amazonen gewesen sein. Im alten Ägypten wurde Beifuß als Heilmittel – vor allem bei Frauenkrankheiten – sowie zum Aromatisieren des Weines und zum Bierbrauen verwendet; und seit dem Mittelalter wird es auch in hiesigen Gefilden gegen Frauenleiden wie Menstruationsbeschwerden und Blasenentzündung verabreicht. Das Frauenkraut enthält viele Bitterstoffe und ätherisches Öl, insbesondere Kampfer und Thujon. Letzteres ist ein Nervengift, weshalb Beifuß in größeren Mengen einzunehmen nicht ratsam ist. Die Rauschwirkung von Thujon, besser bekannt als Absinthol, war jedoch schon in der Antike bekannt: Zur Herstellung von Absinth wurden die Beifußblätter in Rohalkohol eingelegt, dann das Ganze mit Wasser aufgegossen und destilliert. Ein beliebter Schnaps bei den alten Griechen und Römern.

Da Beifuß die Verdauung anregt, empfiehlt es sich zudem, fettreiche Speisen mit ihm zu würzen. Außerdem hilft der krampflösende und beruhigende Beifußtee bei Magen- und Unterleibsschmerzen.

Risotto à la Gerste

Die Gerstenkörner in einem Topf im heißen Öl etwa 15 Minuten rösten, dabei öfter umrühren. Das Chilipulver hinzugeben, dann die Gemüsebrühe angießen. Apfelessig unterrühren und mit geschlossenem Deckel etwa 30 Minuten gar köcheln lassen.

Die Aprikosen waschen, entsteinen und das Fruchtfleisch würfeln. Mit Sternanis, 150 ml Wasser und Sesamsamen in einem Topf etwa 5 Minuten bei mittlerer Hitze köcheln lassen. Über die Gerstenkörner geben und die Sojamilch dazugießen. Alles mit Salz und Cayennepfeffer abschmecken.

FÜR 2 PORTIONEN

200 g Gerstenkörner

2 EL Sonnenblumenöl

1 Prise Chilipulver

600 ml Gemüsebrühe

1 EL Apfelessig

500 g Aprikosen

1 Sternanis

1 EL Sesamsaat

50 ml Sojamilch

Salz

1 Mini-Prise Cayennepfeffer

LUNCH
Nussotto

Die Hirse mit heißem Wasser abspülen, dann bis zur weiteren Verwendung in Wasser einweichen. Die Rosinen ebenfalls bis zur weiteren Verwendung in Wasser einweichen.

Die Nüsse ohne Fett anrösten.

Für den Salat Fenchel waschen, putzen und raspeln, das Fenchelgrün fein hacken. Karotten schälen, putzen und ebenfalls raspeln. Beides mischen, etwas Salz hinzurühren und ziehen lassen.

Zwiebel, Knoblauch und Ingwer schälen. Zwiebel würfeln, Knoblauch hacken und Ingwer reiben.

1 EL Öl erhitzen und die Zwiebel mit der Hälfte des Knoblauchs und dem Ingwer darin anschwitzen. Die abgetropfte Hirse und 30 g der Nussmischung hinzugeben. Die Brühe angießen und Lorbeerblatt, Zimt, Currypulver und Kurkuma hinzurühren. Die Mischung pfeffern und mit geschlossenem Deckel bei niedriger Temperatur etwa 20 Minuten köcheln lassen, dabei ab und zu umrühren. Zum Schluss salzen.

Zitronensaft, etwas Pfeffer und 2 EL Öl vermischen. Die Rosinen abtropfen lassen und zusammen mit dem Dressing zum Fenchel-Karotten-Salat geben und alles gut vermengen.

Für den Dipp die restliche Knoblauchzehen mit dem restlichen Öl und dem Sojajoghurt in einer Schale verrühren. Salzen, pfeffern und mit den übrigen Nüssen und dem Fenchelgrün garnieren.

FÜR 2 PORTIONEN

125 g Hirse

2 EL Rosinen

50 g gehackte Pekan- und Haselnüsse

1 Fenchelknolle

2 Karotten

Salz

je 1 Zwiebel und Knoblauchzehe

1 kleines Stück Ingwer (ca. 2 cm)

4 EL Olivenöl

300 ml Gemüsebrühe

1 Lorbeerblatt

je 1 Msp. Zimt, Currypulver und Kurkuma

Pfeffer

1 EL frisch gepresster Zitronensaft

150 g Sojajoghurt

TCM-Süppchen

FÜR 3 PORTIONEN:

- 1 Stange Lauch
- 2 l Gemüsebrühe
- 1 TL süßer roter Pfeffer
- je 8 große Kartoffeln und Karotten
- 2 große Zwiebeln
- 1 Knoblauchzehe
- 5 schwarze Pfefferkörner
- 1 Lorbeerblatt
- 50 ml Sojamilch
- 1 Msp. Kurkuma
- Salz
- Zitronensaft nach Belieben
- 2 Bund Schnittlauch

Den Lauch waschen, putzen und in Ringe schneiden. Mit der Gemüsebrühe in einen Topf geben und aufkochen.

Den roten Pfeffer unterrühren, Kartoffeln und Karotten schälen, putzen und würfeln, dann ebenfalls in die köchelnde Suppe geben.

Zwiebeln und Knoblauch schälen, hacken und mit dem angedrückten schwarzen Pfeffer und dem Lorbeerblatt hinzugeben. Die Suppe mit geschlossenem Deckel bei mittlerer Hitze etwa 40 Minuten kochen.

Sojamilch und Kurkuma unterrühren und die Suppe mit Salz abschmecken und nach Belieben mit Zitronensaft. Den Schnittlauch in Röllchen schneiden, über die Suppe streuen und servieren.

Die scharfe WUNDERKNOLLE

Knoblauch gehört zur mediterranen Küche wie ich zu Kreta. Dabei soll Knofi aus Zentralasien stammen, wo er schon vor 5000 Jahren geschätzt und angepflanzt wurde. Aber ob nun in China, Ägypten oder Griechenland, alle waren und sind sich einig, dass der Knoblauch gesundheits- und damit glücksfördernde Eigenschaften besitzt. Atemwegserkrankungen, Infektionen, Verdauungsstörungen, allgemeine Schwäche? Die scharfe Knolle soll helfen. Die TCM schätzt den Knoblauch vor allem wegen seiner Geschmacksrichtung »scharf« und seines warmen bis heißen Temperaturverhaltens. Er bekämpft innere Kälte und andere krankmachende Faktoren, öffnet die Poren und ist schweißtreibend, aber vor allem bringt Knoblauch das Qi zum Fließen, wodurch unser Blut besser zirkuliert – und das wiederum sorgt für mehr Vitalität.

Insofern verwundert es nicht, dass Knoblauch ein beliebtes Mittel bei Erkältungen und Gefäßerkrankungen ist. Allerdings sollte er nicht bei fiebriger Erkältung gegessen werden. Und auch leicht aufbrausenden Gemütern wird empfohlen, lieber sparsam mit Knoblauch umzugehen.

DINNER

Chili mal anders

Kidneybohnen und Kichererbsen über Nacht in Wasser einweichen. Am nächsten Tag mit frischem Wasser etwa 30 Minuten gar kochen.

Quinoa in einem Sieb abspülen und mit 300 ml Wasser in einem Topf aufkochen. Etwa 10 Minuten bei niedriger Hitze köcheln lassen, danach im Restwasser etwa 30 Minuten stehen lassen.

Zwiebel, Knoblauch und Karotten schälen. Zwiebel und Karotten fein würfeln, Knoblauch hacken. Lauch waschen, putzen und ebenfalls würfeln. Alles in 1 EL Öl andünsten.

Tomatenmark hinzurühren und die Gemüsebrühe angießen. Tomaten waschen, putzen und hacken, dann mit dem abtropfen Mais ebenfalls hinzugeben.

Ingwer schälen und fein reiben. Mit den Gewürzen, dem restlichen Öl und den abgetropften Kidneybohnen und Kichererbsen hinzugeben. Die Paprikaschote halbieren, putzen, waschen und in mundgerechte Stücke schneiden. Ebenfalls in den Topf geben. Dann das Chili bei mittlerer Hitze etwa 10 Minuten köcheln lassen.

Cashewkerne hacken und in einer beschichteten Pfanne ohne Fett anrösten. Petersilie hacken.

Chili mit Salz abschmecken, auf Teller verteilen und mit Cashewkernen und Petersilienblättern bestreut servieren.

FÜR 3 PORTIONEN:

200 g Kidneybohnen

200 g Kichererbsen

150 g Quinoa

je 1 Zwiebel und Knoblauch

2 Karotten

1 Stange Lauch

3 EL Olivenöl

3 EL Tomatenmark

800 ml Gemüsebrühe

200 g Tomaten

50 g Mais aus dem Glas

1 kleines Stück Ingwer (ca. 2 cm)

je 1 Msp. gemahlener Koriander, süßer roter Pfeffer und Kreuzkümmel

Pfeffer

1 gelbe Paprikaschote

2 EL Cashewkerne

3 Stängel glatte Petersilie

Salz

Ingwer-Karotten-Drink

Ingwer schälen und hacken. Karotten putzen, schälen und in Stücke schneiden. Orange schälen und das Fruchtfleisch würfeln. Den Apfel waschen, vierteln und das Kerngehäuse entfernen. Die Datteln entsteinen und würfeln.

Alle Zutaten (bis auf die Sonnenblumenkerne) zusammen mit 200 ml Wasser in einen Standmixer geben und cremig pürieren. Den Drink auf Gläser verteilen und mit Sonnenblumenkernen bestreut servieren.

FÜR 2 PORTIONEN

1 Stück Ingwer (etwa daumengroß)

100 g Karotten

1 Orange

1 Apfel

2 Medjoul-Datteln

1 EL geröstete Sonnenblumenkerne

Happy Pesto

50 g Walnüsse

1 EL Pinienkerne

100 g Hokkaido-Kürbis mit Schale

1 kleines Stück Ingwer (ca. 2 cm)

1 Knoblauchzehe

Salz

Pfeffer

je 1 Prise Kurkuma, Zimt und Oregano

1 EL Leinöl

40 ml Olivenöl

Die Walnüsse in reichlich kaltem Wasser ein paar Stunden einweichen lassen. Pinienkerne in einer beschichteten Pfanne ohne Fett goldgelb rösten.

Kürbis würfeln, Ingwer und Knoblauch schälen und klein hacken. Mit den gerösteten Pinienkernen im Mixer pürieren. Die Mischung salzen, pfeffern und die restlichen Gewürze hinzugeben.

Leinöl und Olivenöl zur Kürbismischung gießen und die abgetropften Walnüsse dazugeben. Alles erneut pürieren, in ein Glas umfüllen und gut verschließen. Im Kühlschrank aufbewahren und innerhalb von 5 Tagen verbrauchen.

MIT MIR UND DER WELT IM REINEN: Genießen, was Herzen verbindet

Empathie

ELEMENT
FEUER

ORGANE
HERZ UND DÜNNDARM

Buchweizen-Nektar

FÜR 2 PORTIONEN

200 g Buchweizen

2 EL Süßrahmbutter oder 3 EL Sojamilch

je 1 Msp. Kurkuma und Zimt

Pfeffer

500 ml Gemüsebrühe

1 EL Apfelessig

Salz

50 g Mandelsplitter

100 g getrocknete Preiselbeeren

Buchweizen in einem Topf ohne Fett 10–15 Minuten anrösten, dabei öfter umrühren. Dann Butter oder Sojamilch hinzugeben und alles mit Kurkuma, Pfeffer und Zimt würzen.

Gemüsebrühe und Apfelessig hinzugießen, mit geschlossenem Deckel etwa 25 Minuten gar kochen, bis die Körner aufgeplatzt sind. Weitere 10 Minuten abgedeckt auf der Restwärme ziehen lassen, dann mit Salz abschmecken.

Die Mandelsplitter in einer Pfanne ohne Fett etwa 5 Minuten goldbraun rösten. Die Beeren mit den Mandeln über das Gericht streuen.

Reis der Götter

Die Karotte putzen, schälen und würfeln. Mit den Nelken, Kardamomkapseln und der Zimtstange im erhitzten Mandelöl anschwitzen.

Den Reis dazurühren und 800 ml Wasser hinzugießen. Mit Safran, Kurkuma und Pfeffer würzen und mit geschlossenem Deckel bei mittlerer Hitze etwa 10 Minuten köcheln lassen.

Cashewkerne und Rosinen unterrühren, die Mischung weitere 10 Minuten kochen lassen, dann mit Salz abschmecken und servieren.

FÜR 2 PORTIONEN

1 Karotte

1 EL Mandelöl

2 Nelken

3 grüne Kardamomkapseln

½ Stange Zimt

200 g Vollkornreis

je 1 Msp. Safran und Kurkuma

Pfeffer · Salz

20 g Cashewkerne

15 g Rosinen

Spaghetti à la Lupi

Lupinenschrot in einer Pfanne unter Rühren rösten. 250 ml Brühe hinzugießen, aufkochen und 2 Minuten köcheln lassen.

Zwiebel und Knoblauch schälen. Zwiebel würfeln, Knoblauch hacken und beides in einer zweiten Pfanne im erhitzten Olivenöl anbraten.

Sellerie waschen, putzen und würfeln. Zur Zwiebel-Knoblauch-Mischung geben und alles Weitere 2 Minuten anbraten. Schrot und Tomatenmark hinzugeben und mit Pfeffer, Kurkuma, Cayennepfeffer und Oregano würzen. Die Tomaten waschen und putzen. Mit der restlichen Brühe hinzugeben und alles abgedeckt etwa 30 Minuten köcheln lassen, dann salzen.

Die Nudeln gar kochen. Zucchini und Karotten putzen, gegebenenfalls schälen und anschließend in sehr dünne Streifen schneiden. 5 Minuten vor Garzeitende zu den Nudeln ins Wasser eben. Abgießen, auf Teller verteilen und mit der Sauce und Basilikumblättern bestreut servieren.

FÜR 2 PORTIONEN

100 g Lupinenschrot

300 ml Gemüsebrühe

je 1 Zwiebel und
1 Knoblauchzehe

2 EL Olivenöl

1 kleine Stange Staudensellerie

1 EL Tomatenmark

Pfeffer

je 1 Msp. Kurkuma und
Cayennepfeffer

1 TL getrockneter Oregano

200 g Kirschtomaten (alternativ Strauchtomatenstücke)

Salz

200 g Dinkelvollkornnudeln

1 Zucchini

2 Karotten

3 Stängel Basilikum

»Hallo Hellas«-Salat

FÜR 2 PORTIONEN

FÜR DEN SALAT:

200 g Feta
20 g Sesamsaat
Salz · Pfeffer
100 g Radicchio
1 kleine rote Zwiebel
2 EL Olivenöl
1 TL Rosinen
20 g Walnüsse
200 g Rucola
6 Cocktailtomaten
je 5 schwarze und grüne Oliven

FÜR DAS DRESSING:

3 EL Olivenöl
1 Msp. Oregano
Salz · Pfeffer
1 EL Essig oder frisch gepresster Zitronensaft

Den Backofen auf 200 °C vorheizen. Ein Backblech mit Backpapier auslegen. Feta in ca. 1 cm breite Würfel schneiden, von allen Seiten im Sesam wälzen und auf dem Backblech verteilen. Etwa 20 Minuten backen, bis der Sesam goldbraun ist.

Radicchio putzen und in Streifen schneiden. Zwiebel schälen und würfeln. Beides in 1 EL Olivenöl anbraten, dann die Rosinen dazugeben.

Die Walnüsse in einer Pfanne ohne Fett rösten. Rucola putzen und in kleine Stücke zupfen. Die Tomaten waschen, putzen und würfeln. Alles in einer Salatschüssel mischen, dann die Radicchio-Zwiebelmischung dazugeben.

Für das Dressing alle Zutaten vermischen und erst kurz vorm Verzehr zum Salat geben und alles gut vermengen.

Zum Servieren auf Teller verteilen und Oliven, Walnüsse und die warmen Feta-Stücke darauflegen.

Hasel-Maronen-Süppchen

FÜR 2 PORTIONEN

100 g Kartoffeln

1 Pastinake

1 Frühlingszwiebel

1 EL Olivenöl

50 g gekochte Maronen

400 ml Haselnussmilch

Pfeffer

Salz

½ Bund Schnittlauch

Kartoffeln und Pastinake schälen, würfeln und in kochendem Wasser gar kochen.

Frühlingszwiebel waschen, putzen und in Scheiben schneiden. Im heißen Olivenöl anbraten.

Maronen klein hacken und mit den gekochten Kartoffeln und Pastinaken mit etwas Haselnussmilch pürieren. Die restliche Haselnussmilch in einem Topf aufkochen und das Püree hineinrühren. Mit Salz und Pfeffer würzen.

Schnittlauch in Röllchen schneiden. Die Suppe mit der gebratenen Frühlingszwiebel und dem Schnittlauch bestreut servieren.

LIEBER WARM *als kalt*

Generell empfiehlt die Traditionelle Chinesische Medizin, möglichst nur warm zu essen und zu trinken, weil unsere Verdauung dann am besten funktioniert. Doch natürlich können Sie auch mal einen Salat essen. Wenn ich zum Beispiel in Griechenland bin und es mittags über 30 Grad heiß ist, bekommt mir ein frischer Salat mit Schafskäse richtig gut, denn trotz meiner griechischen Gene rutscht auch mein Blutdruck bei solchen Temperaturen leicht in den Keller. Der Salat kühlt dann von innen und stabilisiert somit den Organismus. Aber bitte greifen Sie niemals zu eiskalten Getränken. Das mag im ersten Moment erfrischend sein, doch schon kurze Zeit später wird uns umso heißer, weil der Körper sich enorm anstrengen muss, um die kalte Flüssigkeit der Körpertemperatur anzupassen. Dieser Prozess erzeugt Wärme und kostet Energie, weshalb wir nach dem Eiswasser nicht nur schweißgebadet, sondern auch erschöpft sind. Also lieber stilles Wasser bei Raumtemperatur oder – noch besser – einen warmen Tee mit frischer Minze und Ingwer: Der weitet die Gefäße und kühlt damit den Körper, sodass die sommerliche Hitze erträglicher ist.

Auch als Beilage zur warmen Speise ist Salat völlig okay. Allerdings sollten Sie seine guten Inhaltsstoffe nicht mit gesüßtem Dressing zerstören. Wenn ich Salat im Restaurant bestelle, lasse ich ihn immer ohne Dressing servieren und peppe ihn dann selbst mit Olivenöl, Zitronensaft und meiner Würzmischung (siehe Seite 41) auf. Achtung: Auch der verbreitete Balsamico-Essig ist eine Zuckerfalle.

Für viele Menschen ist Salat bekömmlicher, wenn sie ihn nicht auf leeren Magen, sondern erst am Ende der Mahlzeit oder nach einer Suppe essen. Ist der Magen vorgewärmt, kann er besser mit der rohen Kost umgehen.

Mein Hallo Hellas Salat ist durch den gebackenen Käse und die gerösteten Nüsse übrigens Qi-freundlich yangisiert …

Paprinuss-Paste

FÜR CA. 600 ML

4 rote Paprikaschoten
1 Knoblauchzehe
50 g Walnüsse
1 TL frisch gepresster Zitronensaft
25 g Vollkorn-Semmelbrösel
4 EL Olivenöl
1 Msp. Kurkuma
2 Trockenpflaumen
Salz
Pfeffer

Den Backofen auf 200 °C vorheizen, ein Backblech mit Backpapier belegen. Die Paprikaschoten waschen, vierteln und mit der Hautseite nach oben auf dem Blech verteilen. Etwa 30 Minuten auf der mittleren Schiene backen, dann etwas abkühlen lassen.

Auf Wunsch die Kerne entfernen und die Haut abziehen. Mit der geschälten Knoblauchzehe im Mixer pürieren.

Walnüsse, Zitronensaft, Semmelbrösel, Olivenöl, Kurkuma und Pflaumen hinzufügen. Nochmals pürieren, dann die Paste mit Salz und Pfeffer abschmecken.

Strawberry Fields

Datteln entsteinen und für 30 Minuten in Wasser einweichen. Dann in ein Sieb abgießen, abtropfen lassen und die Haut abziehen.

Nüsse und Kerne in einer beschichteten Pfanne anrösten. In einem Standmixer cremig pürieren. Datteln, Kokosöl und Salz hinzugeben und kurz mitpürieren

Die Masse in einer mit Backpapier ausgelegten Springform (ca. 20 cm Ø) festdrücken und im Tiefkühlfach fest werden lassen. Den Mixer säubern.

Erdbeeren waschen und ein paar Früchte zum Dekorieren beiseitelegen. Die restlichen Erdbeeren putzen und im Mixer cremig pürieren. Soja- und Kokosmilchjoghurt dazuschütten, Zimt einstreuen und die Mischung noch mal pürieren.

Die Creme auf dem gekühlten Kuchenboden verteilen und zurück ins Gefrierfach stellen. Mindestens 2 Stunden gefrieren lassen. Torte 30 Minuten vor dem Servieren aus dem Gefrierfach nehmen und als Parfait mit frischen Erdbeeren garniert servieren.

FÜR DEN BODEN:

20 Medjoul-Datteln

100 g Paranüsse

100 g Haselnüsse

100 g Sonnenblumenkerne

2 EL Kokosöl

1 Mini-Prise Salz

FÜR DIE CREME:

250 g Erdbeeren

100 g Sojajoghurt

180 g Kokosmilchjoghurt

1 Mini-Prise Zimt

Funny Smoothie

FÜR 2 PORTIONEN

2 Äpfel

1 Birne

1 Banane

1 Orange

1 Stück frischer Ingwer (ca. 1 cm)

2 Medjoul-Datteln

2 Handvoll Feldsalat

1 kleiner Bund glatte Petersilie

je 1 Mini-Prise Zimt, Kurkuma, Salz

1 Handvoll Löwenzahn (gern mit Blüten!)

Äpfel und Birnen waschen, vierteln und die Kerngehäuse entfernen. Banane und Orange schälen. Ingwer schälen und hacken, die Datteln entsteinen. Mit allen restlichen Zutaten und 200 ml Wasser in einem Standmixer pürieren. Auf Wunsch etwas mehr Wasser verwenden.

Den Smoothie auf Gläser verteilen und mit einer Löwenzahnblüte garnieren.

ZUR RUHE KOMMEN: Entspannende Köstlichkeiten

Entspannung

ELEMENT
WASSER

ORGANE
NIERE UND BLASE

Hirse-Zimt-Brei

FÜR 2 PORTIONEN

150 g Hirse

½ Stange Zimt

ca. 100 ml Reismilch

1 kleiner Apfel gewürfelt

1 EL Rosinen

je 1 Prise Salz, Kurkuma und Cayennepfeffer

Die Hirse in ein Sieb geben, mit heißem Wasser abspülen und mit 300 ml Wasser ca. 25 Minuten bei mittlerer Hitze gar kochen. Nach 20 Minuten die Zimtstange dazulegen, 5 Minuten zusammen köcheln, danach herausnehmen.

Die Reismilch erhitzen und zur Hirse gießen (nach persönlichem Empfinden für die Konsistenz). Den Apfel waschen, vierteln, das Kerngehäuse entfernen und das Fruchtfleisch würfeln. Apfelstückchen und Rosinen zur Hirse geben, Salz und Gewürze unterrühren und alles abgedeckt etwa 20 Minuten quellen lassen. Warm servieren.

FRÜHSTÜCK

Schoko-Torte

Für den Boden alle Haselnüsse (auch die Deko-Haselnüsse) in einer beschichteten Pfanne ohne Fett rösten. Die Haselnüsse für die Deko beiseitelegen.

Die übrigen Haselnüsse mit Mandeln, entsteinten Datteln und Kakaopulver in den Standmixer geben. Das Kokosöl leicht erwärmen, bis es flüssig ist, dann ebenfalls in den Mixer geben und alles auf hoher Stufe pürieren. Den Vorgang mehrfach unterbrechen und die Masse von den Seitenwänden nach unten zu den Messern schieben.

Eine Springform (16 cm Ø) mit Backpapier auslegen, die Masse hineinfüllen und glatt streichen. Etwa 1 Stunde im Kühlschrank fest werden lassen. Den Standmixer säubern.

Für die Creme die Cashewkerne mindestens 1 Stunde in Wasser einweichen. Dann mit Kakaopulver, Mandelmus und Mandelmilch in den Mixer geben. Das Kokosöl leicht erwärmen, bis es flüssig ist, die Vanilleschote längs aufschneiden und das Mark herausschaben. Beides zusammen mit dem Salz fein pürieren.

Die Creme auf den Boden geben und glatt streichen. Die beiseitegelegten Haselnüsse hacken und daraufstreuen. 1 weitere Stunde kühl stellen.

Rechtzeitig vor dem Servieren aus dem Kühlschrank holen, damit die Torte Zimmertemperatur annehmen kann.

FÜR 4 STÜCKE (SPRINGFORM 16 CM Ø)

FÜR DEN BODEN:

100 g Haselnüsse

100 g Mandeln

10 Datteln

30 g Kakaopulver

3 EL Kokosöl

FÜR DIE CREME:

200 g Cashewkerne

40 g Kakaopulver

50 g Mandelmus

50 ml Mandelmilch

5 EL Kokosöl

1 Vanilleschote

1 Prise Salz

AUSSERDEM:

ca. 10 Haselnüsse für die Deko

Maronenreis

FÜR 2 PORTIONEN

100 g geschälte und gekochte Maronen

100 g Vollkornreis

1 EL Buchweizen

etwas Zitronensaft

je 1 Prise Salz und Kurkuma

1 EL Butter oder Mandelöl

1 EL geröstete Walnüsse

1 Prise Zimt

Die Maronen grob klein schneiden und zusammen mit Reis und Buchweizen in reichlich Wasser 30 Minuten bei mittlerer Hitze kochen.

Ein paar Spritzer Zitronensaft, Salz und Kurkuma dazugeben, Butter oder Mandelöl unterrühren. Die Walnüsse hacken und zusammen mit dem Zimt über das Gericht streuen.

Marone:
NERVENNAHRUNG UND HAPPYFRUCHT

Haben Sie schon mal geröstete Maronen gegessen? Ein Gedicht und vor allem im Winter wärmender Balsam für Körper und Seele. Auf Kreta wurde der Edel- oder Esskastanie sogar ein eigenes Fest gewidmet: das Kastanienfest. Die Edelkastanie – der wunderschöne Baum kann bis zu 500 Jahre alt werden – ist ein Buchengewächs und hat trotz des Namens nichts mit der bei uns verbreiteten Rosskastanie zu tun.

Früher war die *kástano* (κάστανο) ein Hauptnahrungsmittel der griechischen Landbevölkerung. Kein Wunder, ist sie doch besonders magenfreundlich, eiweißhaltig und reich an wertvollen Nährstoffen: Calcium, Kalium, Eisen, Phosphor, Magnesium, Kupfer, Folsäure und Mangan. Und als wäre das nicht schon genug, enthält die Marone auch noch das Provitamin A, Vitamin C und diverse B-Vitamine. Dazu haben sie im Vergleich zu Nüssen auch noch verhältnismäßig wenige Kalorien, denn sie enthalten nicht viel Fett, dabei sättigen sie trotzdem gut, und vor allem machen sie – der stärkebedingten Serotoninausschüttung sei Dank – glücklich und zufrieden.

Wer gerade Lust auf geröstete Maronen bekommen hat, aber weder nach Griechenland fahren kann noch einen Weihnachtsmarkt vor der Tür hat: Ab Herbst gibt es frische Maronen auch bei uns im Supermarkt. Sie lassen sich ganz einfach auf einem Backblech im Ofen rösten. Aber Achtung: Sie müssen vorher eingeritzt werden, sonst platzen sie auf. Ich fand es jedenfalls gar nicht lustig, den Ofen danach zu reinigen …

Eine Maronenfreundin war auch Hildegard von Bingen (1098–1179), die Universalgelehrte und Klostergründerin. In einem ihrer zahlreichen Werke, der *Physika*, beschrieb sie unter anderem Heilpflanzen, Giftpflanzen und Mineralstoffe, denn Pflanzenheilkunde ist ein Schwerpunkt der mittelalterlichen Klostermedizin – und Hildegard von Bingen ihre wohl berühmteste Vermittlerin. Als Heil- und Stärkungsmittel spielte die Marone eine wichtige Rolle für die Ernährungsexpertin Hildegard: »Der Mensch, dem das Gehirn wie leer ist und er daher schwach im Kopf ist, koche die Fruchtkerne dieses Baumes in Wasser und nehme sie oft nüchtern und nach dem Essen, und sein Gehirn wächst und wird gefüllt, seine Nerven werden stark.« Sie war überzeugt davon, dass Hirn und Leber miteinander in Verbindung stehen und dass negative Gedanken Leberschäden hervorrufen können. Hier finden wir eine Parallele zur TCM, die bei geschwächter Leber von einer »traurigen Leber« spricht. Gekochte Edelkastanien trösten eine traurige Leber, stabilisieren somit unser Nervenkostüm – und unsere Milz. Der TCM-Lehre zufolge geht eine Leberschwäche nämlich oft mit einer Milzschwäche einher. Nach Hildegard von Bingen wiederum ist die Milz das wichtigste Organ für die gesamte Körperabwehr und hat die edle Aufgabe, das Herz zu entgiften. Also nichts wie ran an die Marone und happy werden!

MEIN TIPP: Wenn ich keine Zeit habe, Maronen zu kochen, verwende ich Maronenmehl (gibt es im Biomarkt) und füge es meinem morgendlichen Porridge oder beim Kuchenbacken hinzu.

Bohnen-Buletten

FÜR 2 PORTIONEN

125 g Kidneybohnen aus dem Glas

2 rote Zwiebeln

2 Knoblauchzehen

5 g Fenchelsamen

1 Frühlingszwiebel

abgeriebene Schale von 1 unbehandelten Zitrone

15 g Hefeflocken

50 g Chiasamen

30 g Vollkorn-Semmelbrösel

Salz

Pfeffer

je 1 Msp. Oregano oder Majoran (nach Geschmack) und süßer roter Pfeffer

2 EL Sesamöl (alternativ Rapsöl)

Die Bohnen in ein Sieb geben, abspülen und abtropfen lassen, dann grob zerstampfen.

Zwiebeln und Knoblauch schälen. Zwiebeln fein würfeln, Knoblauch fein hacken. Die Fenchelsamen im Mörser zermalmen. Frühlingszwiebel waschen, putzen und fein schneiden. Alles zusammen mit Zitronenschale, Hefeflocken, Chiasamen und den restlichen Gewürzen zu den Bohnen geben.

Die Bohnenmischung mit den Semmelbröseln gut vermengen. Falls sie zu trocken ist, etwas Wasser hinzugeben. Abgedeckt etwa 30 Minuten im Kühlschrank ruhen lassen. Anschließend mit feuchten Händen daraus flache Buletten formen und diese im heißen Sesamöl von beiden Seiten goldbraun braten. Die Buletten passen zu einer Suppe und schmecken auch mit einem Dipp sehr gut.

TIPP: Sie können auch getrocknete Bohnen verwenden. Für das Gericht dann einfach 65 g über Nacht einweichen und am nächsten Tag gar kochen.

Avocado-Linsen

Ingwer schälen und hacken, dann mit Linsen und Algen in ca. 300 ml Wasser bei mittlerer Hitze gar kochen.

Zitronensaft dazuträufeln und alles mit Pfeffer, rotem Pfeffer und Kurkuma würzen.

Die Avocado schälen, den Stein entfernen und das Fruchtfleisch in Spalten schneiden. Pro Portion ½ Avocado auf dem Teller platzieren und ein paar weitere Tropfen Zitronensaft darüberträufeln. Leicht pfeffern, salzen und roten Pfeffer darüberstreuen. Dann etwas Sesamöl darübergeben.

Rettich und Radieschen waschen, raspeln und neben der Avocado platzieren. Das letzte Drittel des Tellers mit den Linsen auffüllen. Mit Korianderblättern bestreut garnieren.

FÜR 2 PORTIONEN

1 Stück Ingwer (ca. 1 cm)

100 g rote Linsen

1 EL getrocknete Meeresalgen

ein paar Tropfen frisch gepresster Zitronensaft

je 1 Msp. Kurkuma und süßer roter Pfeffer

1 Avocado

Salz

Pfeffer

2 EL Sesamöl

100 g weißer Rettich

1 Radieschen

1 Stängel Koriander

AUSSERDEM:

süßer roter Pfeffer zum Bestreuen

Maronen-süppchen

FÜR 2 PORTIONEN

1 Zwiebel

2 EL Sesamöl (alternativ Sonnenblumenöl)

200 g geschälte und gekochte Maronen

1 große Kartoffel

1 EL gekörnte Gemüsebrühe

60 ml Sojamilch

Saft von ½ Orange

je 1 Mini-Prise Pfeffer und Zimt

Salz

1 Stängel glatte Petersilie

Die Zwiebel schälen und fein hacken. Im heißen Öl glasig braten. Die Maronen grob hacken und 2 Minuten mitbraten, dann 300 ml Wasser angießen.

Die Kartoffel schälen, vierteln und hinzufügen. Die Suppe aufkochen lassen und bei kleiner Hitze 15 Minuten köcheln lassen.

Die Gemüsebrühe dazustreuen, den Topf vom Herd ziehen und alles mit einem Stabmixer fein pürieren. Zurück auf den Herd stellen, weitere 300 ml Wasser angießen, erneut aufkochen und 2 Minuten köcheln lassen.

Sojamilch, Orangensaft, Pfeffer und Zimt miteinander verrühren, dann zur Suppe geben. Mit Salz und eventuell weiterem Orangensaft abschmecken. Die Petersilienblätter hacken. Die Suppe auf Teller verteilen und mit der gehackten Petersilie garniert servieren.

Aprikosen-Glückskugeln

Die Aprikosen mit etwas Wasser im Mixer glatt pürieren. In eine Schüssel umfüllen. Salz und Zimt dazustreuen, Hanfsamen, Haferkleie und Nüsse dazugeben und alles gut vermischen. Sesam in einer beschichteten Pfanne ohne Fett goldbraun rösten.

Mit feuchten Händen aus der Masse kleine Kügelchen formen, diese dann in Hanfsamen und gerösteter Sesamsaat wälzen.

FÜR CA. 10 STÜCK

80 g getrocknete Aprikosen

je 1 Mini-Prise Salz und Zimt

50 g Hanfsamen

50 g Haferkleie

50 g gemahlene Haselnüsse

ZUM WÄLZEN:

2 EL Sesamsaat

2 EL Hanfsamen

Shake-Heaven

FÜR 2 PORTIONEN

8 Medjoul-Datteln

250 ml Mandelmilch

1 Banane

2 EL Haferflocken

2 EL Walnussmehl

2 EL Haselnusssplitter

1 Mini-Prise Salz

1 Prise Zimt

Die Datteln entsteinen. Mit 2 EL Wasser und 100 ml Mandelmilch im Mixer cremig pürieren.

Die Banane schälen und in Stücke schneiden. Mit dem Rest der Mandelmilch, Haferflocken und Mehl cremig pürieren. In ein Glas füllen und die Dattelcreme darübergeben.

Haselnussstücke in einer beschichteten Pfanne braun rösten und mit Salz und Zimt darüberstreuen.

Schokopudding

FÜR 2 PORTIONEN

5 Medjoul-Datteln

1 Banane

1 Avocado

1 EL Kakaopulver

1 EL Mandel- oder Erdnussmus

200 g Sojajoghurt

1 Mini-Prise Salz

Die Datteln entsteinen. Die Banane schälen und in Stücke schneiden. Die Avocado schälen und das Fruchtfleisch herauslöffeln. Zusammen mit allen anderen Zutaten in den Standmixer geben und pürieren.

Im Sommer kann der Schokopudding auch gut über Nacht im Kühlschrank ruhen.

TIPP: In einem Standmixer ist es einfacher, die Zubereitung funktioniert aber auch mit einem Stabmixer.

LUST AUF LUST? Anregendes aus Aphrodites Küche

Lust

ELEMENT
HOLZ

ORGANE
LEBER UND GALLENBLASE

Hafer-Kickstart

FÜR 2 PORTIONEN

1 TL Anis
1 Nelke
2 schwarze Pfefferkörner
2 Kapseln Kardamom
1 TL Zimtpulver
½ TL Kurkuma
500 ml Hafermilch
2 Datteln (grob gehackt)
200 g Haferflocken
1 EL Kokosöl
1 Mini-Prise Salz
2 EL Sojamilch
1 kleine Handvoll Blaubeeren (ja nach Saison auch Erdbeeren oder Himbeeren)

Anis, Nelke, Pfeffer und Kardamom im Mörser zerkleinern. Mit Zimt und Kurkuma vermischen und alles in einer beschichteten Pfanne ohne Fett anrösten.

100 ml Wasser dazugießen, aufkochen und 5 Minuten köcheln lassen. Anschließend das Gewürzwasser durch ein Sieb gießen, mit Hafermilch vermischen und kurz aufkochen.

Die Datteln entsteinen und hacken. Mit den Haferflocken in die Hafermilch geben. 15 Minuten bei niedriger Hitze köcheln lassen, dabei ab und zu umrühren.

Das Kokosöl und das Salz unterrühren, die Sojamilch darübergießen und alles mit ein paar Beeren garniert servieren.

Fresh Couscous

In einem Topf 600 ml Wasser mit Nelke, Sternanis und Zimt kurz aufkochen. Die Pflaumen klein hacken und mit Couscous, Nuss-Splittern und Rosinen dazugeben. Den Herd ausschalten, Olivenöl und Kurkuma hinzugeben und mit Deckel 20 Minuten auf der Restwärme der Herdplatte stehen lassen.

Sternanis und Zimt entfernen, dann die Mischung salzen. Das Obst waschen, die Trauben vierteln, Apfel und Birne ebenfalls vierteln, die Kerngehäuse entfernen und das Fruchtfleisch würfeln. Das Obst mit ein paar Minzblättern zum Couscous geben und umrühren.

FÜR 2 PORTIONEN

1 Nelke

je ½ Stange Zimt und Sternanis

2 Trockenpflaumen

300 g Couscous

2 EL Mandelsplitter

2 EL Haselnusssplitter

1 EL Rosinen

2 EL Olivenöl

1 Prise Kurkuma

1 Prise Salz

1 Handvoll kleine Weintrauben

1 kleiner Apfel

1 kleine Birne

1 Stängel frische Minze

LUNCH
Mamas
»Paprika-Jemista«

Unterhalb des Strunks der Paprikaschoten einen »Deckel« abschneiden, die Schoten entkernen und waschen.

Zwiebel schälen, Frühlingszwiebel waschen und putzen, beides klein schneiden. Minze- und Petersilienblätter ebenfalls klein schneiden.

Die Tomaten kurz kochen, in ein Sieb abgießen, dann schälen und mit einem Stabmixer pürieren.

Die Zwiebel in 1 EL Olivenöl anbraten. Reis, etwa 1/3 des Tomatenpürees und 500 ml Wasser dazugeben. Gut umrühren, mit Oregano und etwas Pfeffer würzen und alles aufkochen. Bei mittlerer Hitze 20 Minuten köcheln lassen, anschließend mit Salz abschmecken.

Den Backofen auf 200 °C vorheizen. Die Paprikaschoten mit der Reis- und Kräutermischung füllen, je einen Deckel draufsetzen und dann in eine passende ofenfeste Form legen.

Das restliche Tomatenpüree mit 1 EL Öl vermischen und die Schoten übergießen. Etwa 200 ml Wasser hinzugießen und alles im Ofen 1 Stunde backen. Die Paprikaschoten spätestens nach 30 Minuten wenden.

FÜR 3 PORTIONEN

6 mittelgroße grüne und rote Paprikaschoten

1 kleine Zwiebel

1 Frühlingszwiebel

½ Bund frische Minze (getrocknet geht notfalls auch)

1 Handvoll glatte Petersilie

6 mittelgroße Tomaten

2 EL Olivenöl

300 g Reis nach Wahl (z. B. Vollkorn, Basmati)

1 TL Oregano

Pfeffer

Salz

DIE Kreta-Diät

Als ich noch zuckersüchtig war, hat mich die mediterrane Küche vor Übergewicht und anderen Erkrankungen bewahrt. Von zu Hause kannte ich ja auch nichts anderes als die mediterrane Esskultur, und bis heute liebe ich das griechische Essen und Lebensgefühl. Meine Mutter kocht jeden Tag, und zwar immer frisch und ausgewogen – und jeden Sonntag kommt die Familie zusammen, um voller Freude ein gemeinschaftliches Mahl zu zelebrieren. Inzwischen ist meine Mutter 81, mein Vater 90 Jahre alt. Doch abgesehen von den typischen Alterszipperlein sind sie beide kerngesund.

Gemüse, Hülsenfrüchte, Oliven, Obst und viel gutes Olivenöl. Das ist die »Kreta-Diät«, der gepriesene Grundstock für ein langes, gesundes Leben. Wissenschaftler einer groß angelegten Studie stellten schon Ende der 1950er Jahre fest, dass Herz-/Kreislauferkrankungen und Krebsleiden – laut Weltgesundheitsorganisation die Todesursachen Nummer eins und zwei weltweit – auf Kreta viel seltener vorkamen als anderswo. Die Forscher mutmaßten, es müsse am dortigen Lebensstil und an der Ernährung der Kreter liegen: Die Menschen der Mittelmeerinsel aßen viel Fisch, reichlich frisches Obst und Gemüse aus der Region, Salat und Hülsenfrüchte; sie verwendeten Olivenöl als Fett, würzten mit zahlreichen Kräutern, die sie zum Teil auch als Tee aufbrühten, und genossen zum Essen ein Glas Wein. Wurst, rotes Fleisch und Butter gab es praktisch nie, Milchprodukte nur in Maßen. Sie arbeiteten körperlich hart, ruhten zur Mittagszeit und nahmen sich für das Essen viel Zeit. Klingt alles nicht schlecht …

Ich selbst bin sehr gern und sehr oft auf Kreta und hatte die Freude, dort die 103-jährige Oma eines Freundes kennenzulernen. Natürlich habe ich sie auch gefragt, was sie zum Beispiel gestern gegessen habe. »Gefüllte

Paprikaschoten«, antwortete sie. Meine Augen leuchteten, da meine Mutter diese ebenfalls gerne und gut zubereitet. »Allerdings schon seit vielen Jahren ohne Fleisch«, räumte die Omi ein, »das liegt mir einfach zu schwer im Magen.«

Die Protagonisten der Kreta-Diät

Bergtee

Dieser besondere Tee, der aus Griechischem Eisenkraut (Sideritis scardica) zubereitet wird, hat ein unvergleichliches Aroma. Bekannt sind etwa 150 Sideritis-Arten, die weltweit, hauptsächlich aber im Mittelmeerraum verbreitet sind und – wie Melisse, Majoran, Salbei und Oregano – zur Familie der Lippenblütler gehören.

Bei uns bekommen Sie den aromatischen Berg- oder auch Hirtentee getrocknet in Bioläden; Sie können die Pflanze aber auch im Blumentopf ziehen und dann bei Bedarf frisch aufbrühen.

Der heilende Effekt der Sideritis-Pflanzen wurde schon vor 2000 Jahren von dem berühmten griechischen Arzt Pedanios Dioskurides beschrieben. So ist in dessen Arzneimittellehre zu lesen, dass ein Umschlag mit Sideritis-Pflanzen, die besonders reich an ätherischen Ölen sind, die Kraft habe, »Wunden zu verkleben und Entzündungen abzuhalten«. Heute schätzen moderne Pflanzenheilkundler ihre stimulierende, entkrampfende, entzündungshemmende, stimmungsaufhellende und beruhigende Wirkung.

Olivenöl

Olivenöl – natürlich Natives Olivenöl extra – ist ein unverzichtbarer Bestandteil der mediterranen Ernährung. Es fehlt in keiner noch so kleinen griechischen Küche, und zwar nicht nur wegen seines intensiven Geschmacks, sondern auch wegen seiner gesundheitsfördernden Wirkung.

Verantwortlich dafür ist das Antioxidans DHPEA/EDA, das die empfindlichen roten Blutkörperchen vor Schäden durch freie Radikale schützt. Somit ist Olivenöl vor allem für Herz und Blutgefäße ein Labsal.

Kräuter

Die Tradition der westlichen Heilkräuter lässt sich bis zu den alten Griechen zurückverfolgen, wo Ärzte wie der bekannte Hippokrates (ca. 460–370 v. Chr.) Pflanzen und deren Heilkräfte katalogisierten. Hippokrates gilt als Vater der naturheilkundlichen Medizin, denn er betrachtete Körper, Seele und Geist des Menschen als Einheit und stellte somit die ganzheitliche Therapie in den Mittelpunkt seiner Lehre, außerdem betrachtete er die Selbstheilungskräfte des Einzelnen. Dioskorides wiederum verfasste drei Jahrhunderte später das Werk *De materia medica*, in welchem er rund 600 Arzneimittel, unter ihnen viele Kräuter, aufführte. Sein Werk beeinflusste die Pflanzenheilkunde bis in das 17. Jahrhundert hinein.

Hier ein paar Stars unter den Heilkräutern:

Salbei: antiseptisch, krampflösend, harntreibend, reguliert den Östrogenhaushalt

Oregano: krampflösend, magenstärkend, schleimlösend, beruhigend

Majoran: magenstärkend, krampflösend, beruhigend

Rosmarin: kreislaufanregend, verdauungsfördernd, krampflösend, schmerzstillend

Safran-Risotto

FÜR CA. 5 PORTIONEN

1 Zwiebel
500 g Vollkornreis
400 ml Gemüsebrühe
Saft von ½ Zitrone
0,5 g Safranfäden
3 EL Sojamilch
Pfeffer
1 Prise Kurkuma
süßer roter Pfeffer
1 EL Süßrahmbutter
Salz

Die Zwiebel schälen und würfeln. Den Reis ohne Fettzugabe in einem Topf ca. 10 Minuten rösten, ab und zu umrühren. Die Zwiebel hinzugeben.

Die Gemüsebrühe mit Zitronensaft, Safran und Sojamilch dazugießen. Die Mischung mit Pfeffer, Kurkuma und rotem Pfeffer würzen.

Den Herd abschalten und das Risotto 10 Minuten quellen lassen. Die Süßrahmbutter unterrühren und alles mit Salz abschmecken.

TIPP: Das Gericht ist gut zum Vorkochen geeignet.

Indische Okra

FÜR 2 PORTIONEN

500 g Okraschoten

2 kleine Tomaten

½ Zwiebel

1 Knoblauchzehe

1 Chilischote

1 TL Senfsamen

1 EL Mandelöl

2 Kapseln grüner Kardamom

2 Curryblätter

1 Msp. Kurkuma

Pfeffer · Salz

je 1 Msp. Currypulver und gemahlener Koriander

1 Bund Koriander

Den Backofen auf 180 °C vorheizen. Ein Backblech mit Backpapier belegen. Okraschoten waschen, den Stielansatz vorsichtig abschneiden und auf dem Blech verteilen. 15 Minuten backen.

Die Tomaten waschen, putzen und würfeln. Zwiebeln schälen und in feine Scheiben schneiden. Knoblauch schälen und mit der geputzten Chilischote hacken, Senfsamen im Mörser zerstoßen.

Das Mandelöl erhitzen und Kardamom, Senfsamen und Curryblätter hineinlegen. Kurz danach Zwiebeln, Knoblauch und Chili dazugeben, Tomaten unterrühren und die Mischung aufkochen und kurz kochen lassen.

Mit Kurkuma und Pfeffer würzen, dann die Okraschoten mit 3 EL Wasser untermischen. Aufkochen und bei mittlerer Hitze 10 Minuten köcheln lassen.

Das Gericht mit Salz, Curry- und Korianderpulver würzen und mit Korianderblättchen garniert servieren.

Luxus-Paella

FÜR 2 PORTIONEN

300 g Blumenkohl

Saft von ½ Zitrone

1 große Zwiebel

1 Knoblauchzehe

1 Frühlingszwiebel

1 rote Paprikaschote

1 kleiner Bund glatte Petersilie

200 g Tomaten

2 EL Kokosöl

1 TL süßer roter Pfeffer

1 Msp. Kurkuma

1 Mini-Prise Kreuzkümmel

60 g eingelegte Artischocken

250 g weiße Bohnen aus dem Glas

Salz · Pfeffer

5 schwarze Oliven

Den Blumenkohl waschen, putzen und mit dem Messer klein schneiden oder raspeln, bis er optisch an Reis erinnert. In einer Schüssel mit Zitronensaft mischen.

Zwiebel und Knoblauch schälen, Frühlingszwiebel waschen und fein hacken. Die Paprika putzen und würfeln. Petersilienblättchen fein hacken. Tomaten waschen, putzen und in kleine Stücke schneiden.

Kokosöl erhitzen, Zwiebel und Knoblauch darin glasig dünsten. Paprikastücke hinzugeben und 3 Minuten mitbraten. Blumenkohl dazurühren und die Mischung weitere 5 Minuten unter Rühren braten. Mit rotem Pfeffer, Pfeffer, Kurkuma und Kreuzkümmel würzen.

Tomatenstücke, Artischocken und Bohnen dazugeben, dann 2/3 der Petersilie unterrühren. Weitere 5 Minuten bei niedriger Hitze köcheln lassen, dann mit Salz abschmecken. Die Oliven entsteinen und das Gericht mit den Oliven und der restlichen Petersilie bestreut servieren.

BITTERES GEGEN *den Zuckerjieper*

Die Redewendung »den Kummer in sich hineinfressen« kommt nicht von ungefähr, denn viele Menschen neigen dazu, sich mit Süßigkeiten, Pasta oder Burger zu trösten – eine häufige Ursache für Übergewicht. Ich kann mich gut an eigene Eiscreme-Exzesse bei Liebeskummer erinnern, denn als emotionale Esserin habe ich Stimmungsschwankungen früher mit Trost-Food bzw. Süßem kompensiert. Da heulte ich mich bei meiner besten Freundin aus, jammerte, fluchte und stopfte die Kalorienbomben in mich hinein … Ich kann es nicht zur Nachahmung empfehlen, es sei denn, Sie wollen am nächsten Tag noch unglücklicher sein und ein Kilo mehr wiegen. Probieren Sie es lieber mal mit einem frischen Minztee, denn frische Pfefferminze ist genial, um den (Zucker-)Appetit zu zügeln. Minzblätter passen aber auch gut zu Salat, ganz typisch natürlich zu Couscous-Salat, und zu Erbsengemüse.

Ein weiterer Appetithemmer – besonders geeignet für emotionale Esser – ist Johanniskraut, weil es nachweislich stimmungsaufhellend und beruhigend wirkt. Allerdings empfiehlt es sich, vor der regelmäßigen Einnahme mit einem Arzt zu sprechen, da durchaus Wechselwirkungen mit anderen Medikamenten auftreten können.

Grundsätzlich sind alle Nahrungsmittel mit Bitterstoffen wie Grapefruit, Löwenzahn und Endiviensalat wunderbare Appetithemmer – und großartige Glücklichmacher, weil sie die Leberfunktion unterstützen. Der traditionellen (europäischen) Pflanzenheilkunde zufolge werden Niedergeschlagenheit und depressive Verstimmungen mit einer zu schwachen Lebertätigkeit in Verbindung gebracht. Insofern sollten wir die süßen Vorteile der bitteren Genossen nicht unterschätzen und diese unbedingt in unseren Speiseplan integrieren.

Kräuter-Lassi

FÜR 2 PORTIONEN

- 2 EL griechischer Bergtee
- ½ Salatgurke
- 250 g Sojajoghurt
- Salz
- Pfeffer
- 200 ml Mineralwasser
- je 1 Bund glatte Petersilie und Basilikum
- ¼ Bund Kerbel
- 2 Stängel Minze

Den Bergtee mit 150 ml kochendem Wasser aufgießen und 10 Minuten zugedeckt ziehen lassen.

Die Gurke schälen und grob würfeln. Mit dem Joghurt und den Kräutern (je ein paar Blätter fürs Garnieren beiseitelegen) pürieren, dann den warmen Tee dazugießen. Den Lassi leicht salzen und pfeffern, auf Gläser verteilen und mit Mineralwasser auffüllen.

Mit restlichen Kräutern garniert servieren.

Lustkraut PETERSILIE

Was schmissen die Gladiatoren im alten Rom sich vor ihren Kämpfen ein? Na, glatte Petersilie natürlich, was sonst! Sie sollte die Manneskraft (Virilität) fördern und die Muckis verdoppeln.

In Athen hingegen war das durchblutungsfördernde Kraut den tapferen Kriegshelden verboten, weil befürchtet wurde, dass die mit dem Petersilienverzehr einhergehende sexuelle Stimulation allzu sehr vom Schlachtgetümmel ablenken könnte.

Drum, werte Leser, entscheiden Sie selbst, ob und wann Sie zur Petersilie – im Mittelalter auch »Geilwurz« genannt – greifen …

PS: Verantwortlich für die aphrodisierende Wirkung der glatten Petersilie ist das ätherische Öl Apiol, und davon sitzt besonders viel in den Stängeln.

Greek-Paste

FÜR 2 PORTIONEN

50 g Kapern in Salz

je 20 g Mandelsplitter und Pinienkerne

1 Karotte

50 g glatte Petersilie

5 EL Olivenöl

eventl. Salz und Pfeffer

Die Kapern mit Wasser abspülen und über Nacht einweichen lassen. Das Wasser danach wegschütten und die Kapern platt pressen.

Mandeln und Pinienkerne in einer beschichteten Pfanne ohne Fett goldbraun rösten. Die Karotte putzen, schälen und raspeln.

Kapern, Petersilienblätter, Karotte, Öl, Mandeln und Pinienkerne im Mixer grob pürieren. Etwas Wasser hinzugießen, um gewünschte Konsistenz zu erreichen. Die Paste abschmecken und nur salzen, wenn sie nicht schon salzig genug ist. Nach Belieben pfeffern.

Apfel-Mango-Fruchtaufstrich

FÜR 2 PORTIONEN

2 Äpfel

1 sehr reife Mango (alternativ auch frische Erdbeeren)

1 EL Zitronensaft

1 Mini-Prise Kurkuma

Das Obst waschen. Die Äpfel vierteln und die Kerngehäuse entfernen. Das Fruchtfleisch klein schneiden. Die Mango schälen und das Fruchtfleisch vom Kern schneiden. Mit Zitronensaft und Kurkuma pürieren.

NIE WIEDER SCHLAPP!
Köstliche Kraftpakete

Vitalität

ELEMENT
WASSER

ORGANE
NIERE

Spinat-Muffins

Pinien- und Sonnenblumenkerne in einer Pfanne goldbraun rösten, dann abkühlen lassen.

Tofu würfeln. Zwiebel und Knoblauch schälen und fein würfeln, Spinat putzen, waschen und abtropfen lassen, dann in Streifen schneiden.

Leinöl und Sojajoghurt in einer Schüssel aufschlagen und das Mineralwasser unterrühren. Mehl und Backpulver mischen und dazurühren. Etwa 5 Minuten quellen lassen.

Den Backofen auf 180 °C vorheizen. Tofuwürfel im heißen Öl in einer Pfanne goldbraun braten. Herausheben und im verbliebenen Fett Zwiebel und Knoblauch anbraten. Den Spinat hinzugeben, zusammenfallen lassen und mit Senf und Pfeffer würzen.

Zuerst den Tofu unter den Muffinteig heben, danach Spinat und Kerne. Den Teig salzen, in die Muffinformen füllen und 25 Minuten backen. Aus den Mulden nehmen und noch warm genießen.

FÜR 12 STÜCK

je 20 g Pinienkerne und Sonnenblumenkerne

80 g Tofu (natur)

1 kleine Zwiebel

1 Knoblauchzehe

300 g frischer Spinat

100 ml Leinöl (alternativ Sonnenblumenöl)

125 g Sojajoghurt

200 ml Mineralwasser (mit Kohlensäure)

250 g Dinkelvollkornmehl

1 Päckchen Backpulver

1 EL Sonnenblumenöl

1 TL Senf

Pfeffer · Salz

AUSSERDEM:

Fett für die Muffinmulden

Reis Congee

FÜR 2 PORTIONEN

1 EL getrocknete Kichererbsen

100 g Vollkornreis

1 TL Sesamsaat

1 EL Cashewkerne

1 Karotte

1 Frühlingszwiebel

1 gelbe Paprikaschote

1 EL Olivenöl

Salz

Pfeffer

2 Stängel glatte Petersilie

Die Kichererbsen in einer Schale mit Wasser bedecken und abgedeckt über Nacht einweichen. Am nächsten Tag in ein Sieb schütten und abtropfen lassen. Zusammen mit dem Reis in 1 l Wasser kurz aufkochen und dann bei niedriger Hitze und mit Deckel 3 (!) Stunden köcheln lassen. Anschließend übriges Wasser abgießen und die Kichererbsen herausfischen.

Sesam und Cashewkerne in einer beschichteten Pfanne ohne Fett goldbraun anrösten, dann vom Herd ziehen.

Karotte, Frühlingszwiebel und Paprikaschote putzen, waschen, gegebenenfalls schälen und sehr klein würfeln. Mit den Kichererbsen im heißen Olivenöl braten. Zum Reis geben, alles salzen und pfeffern und mit Sesam, Cashewkernen und Petersilienblättern bestreut servieren.

Congee: MIT QI-POWER IN UND DURCH DEN TAG

Congee ist der Klassiker der chinesischen Küche und gilt als die wichtigste Morgenmahlzeit, tut aber auch mittags gut. Übersetzt heißt Congee nichts anderes als Wasserreis, wir sagen dazu Reisbrei. Wasser und Reis … Zugegebenermaßen ein puristischer Start in den Tag, besonders für Menschen, die es gewohnt sind, sich morgens ein Marmeladen- oder Salamibrötchen zu schmieren. Doch während Marmeladen- und Salamibrötchen Energieräuber sind, ist Congee eine wahre Kraftquelle: Er führt unserem Körper, der nachts auf Sparflamme lief, eine Riesenportion Qi zu, sodass wir energiemäßig bestmöglich für den Tag gerüstet sind. Und da für Congee wenig Verdauungskraft aufgewendet werden muss, haben wir lange etwas von dieser wunderbaren Kraftquelle. Darüber hinaus ist dieser Wasserreis die ideale Schonkost nach einer langen Krankheit oder einfach zum Entschlacken.

Die Chinesen verwenden traditionellerweise weißen Reis; es spricht aber auch nichts dagegen, Vollkornreis zu nehmen.

Und Sie müssen Ihren Wasserreis auch nicht wie die Chinesen vier Stunden lang köcheln lassen (obwohl das Qi dann wirklich kraftvoll ist), aber eine Stunde sollte es schon sein, damit Ihr Qi-Frühstück seine volle Power entfalten kann.

Geschmackliche Abwechslung bringen ein paar Trockenfrüchte, Nüsse, Samen oder Kerne; und wer es lieber würzig mag, kocht etwas Gemüse mit, zum Beispiel Fenchel und Möhren (eine Wohltat für die zuckergeschundene Milz!).

Rotkohl-Kastanien

Den Backofen auf 180 °C vorheizen. Die Rosinen bis zur weiteren Verwendung in Wasser einweichen. Den Rotkohl putzen und in Streifen schneiden. Mit den Maronen in eine Auflaufform geben.

100 ml Wasser, Salz, Pfeffer, Olivenöl, Essig, Gewürze und abgetropfte Rosinen verrühren. Über den Rotkohl geben und alles im Ofen etwa 45 Minuten backen, dabei ab und zu umrühren.

Kurz vor Ende der Garzeit den Apfel waschen, vierteln, das Kerngehäuse entfernen und das Fruchtfleisch würfeln. Den Rotkohl auf Teller verteilen und mit Apfelstücken bestreut servieren.

FÜR 2 PORTIONEN

1 TL Rosinen

1 mittelgroßer Rotkohl

150 g gekochte, geschälte Maronen

Salz

Pfeffer

2 EL Olivenöl

2 EL Essig

1 Nelke

1 Sternanis

je 1 Msp. Zimtpulver und Cayennepfeffer

1 Apfel

Ayurveda-Linsen

FÜR 2 PORTIONEN

1 Knoblauchzehe

1 Zwiebel

1 Stück frischer Ingwer (ca. 2 cm)

1 rote Paprikaschote

½ Chilischote

2 EL Kokosöl

1 Msp. Kreuzkümmelsamen

1 Lorbeerblatt

2 Stängel Koriander

1 Nelke

1 Msp. Kurkuma

200 g rote Linsen

1 EL Sojasauce

1 Msp. Currypulver

1 EL Sojajoghurt (alternativ griechischer Joghurt)

Pfeffer

Knoblauch, Zwiebel und Ingwer schälen. Knoblauch und Ingwer hacken, Zwiebel würfeln. Paprika putzen, waschen und würfeln, Chilischote putzen und hacken.

Das Kokosöl in einer großen Pfanne erhitzen. Den Kreuzkümmel darin kurz anbraten, dann Zwiebel, Knoblauch, Ingwer und Chilischote dazugeben.

Lorbeer, Korianderblätter, Nelke und Kurkuma unterrühren, dann Paprikawürfel und Linsen dazumischen. Alles unter Rühren etwa 1 Minuten weiterbraten.

400 ml Wasser dazugießen, aufkochen und alles bei mittlerer Hitze mit geschlossenem Deckel 25 Minuten gar kochen.

Die Linsenmischung mit einem Stabmixer kurz pürieren, dann Sojasauce, Curry und Joghurt dazurühren. Mit Pfeffer abschmecken und servieren.

Power-Kaffee

Grünen Tee mit 150 ml heißem Wasser aufgießen und abgedeckt 8 Minuten ziehen lassen. Das Avocado-Fruchtfleisch aus der Schale löffeln und mit dem Tee und allen weiteren Zutaten in einen Standmixer füllen und schaumig mixen. Im Winter warm und im Sommer kalt genießen.

FÜR 2 PORTIONEN

1 TL grüner Tee

½ Avocado

1 Tasse Kaffee

1 Tasse Kokos-Reis-Milch

1 Msp. Zimt

1 Mini-Prise Kakaopulver

Amarant-Bars

Die Datteln mit heißem Wasser übergießen und 20 Minuten quellen lassen, dann das überschüssige Wasser abgießen.

Alle Zutaten, außer Kokosöl, Amarant, Quinoa und Kakaopulver, in einer Küchenmaschine zerkleinern, dann in eine Schüssel füllen.

Das Kokosöl in einer Pfanne erhitzen. Amarant, Quinoa und Kakaopulver bei niedriger Hitze anbraten. In die Schüssel füllen, alles gut vermengen und dann in einer mit Backpapier ausgelegten, rechteckigen Form etwa 2 cm hoch verstreichen. Abgedeckt 3 Stunden kalt stellen, anschließend aus der Form heben und in Riegel schneiden.

FÜR 6 RIEGEL

60 g Datteln

40 g Rosinen

60 g Mandeln

30 g Cashewkerne

1 EL Mandelmus

20 g Haferflocken

2 EL Kokosöl

je 20 g gepuffter Amarant und gepuffte Quinoa

1 TL Kakaopulver

Rosmarin-Tomaten

FÜR 2 PORTIONEN

250 g Cocktail-Tomaten
2 TL Salz
1 Bund Thymian
1 Zweig Rosmarin
1 Knoblauchzehe
500 ml Olivenöl

Den Backofen auf 100 °C vorheizen. Die Tomaten waschen, anschließend halbieren und mit Schnittfläche nach oben in eine Auflaufform legen. Mit Salz und den Kräutern würzen. Etwa 2 Stunden im Ofen trocknen lassen. In den letzten 30 Minuten die angedrückte Knoblauchzehe hinzulegen.

Die Tomaten abkühlen lassen, in ein Schraubglas füllen und mit dem Olivenöl bedecken. Bei Zimmertemperatur einen Tag ziehen lassen.

TIPP: Die Tomaten passen zu Salaten oder warmen Gemüsegerichten.

Maronen-Aufstrich

FÜR 2 PORTIONEN

300 g Maronen
4 Medjoul-Datteln
½ Vanilleschote

Den Backofen auf 180 °C vorheizen, ein Backblech mit Backpapier auslegen.

Die Maronen einritzen, 10 Minuten kochen und auf dem Blech verteilen. Für 20 Minuten in den Ofen schieben, anschließend abkühlen lassen und schälen.

Die Datteln entsteinen, die Vanilleschote längs aufschneiden und das Mark herausschaben.

Alle Zutaten in den Mixer geben und mit etwa 250 ml Wasser (je nach gewünschter Konsistenz) pürieren.

COLONNA

Aphrodites GESCHENK

Wer kennt sie nicht, die Göttin der Liebe, der Schönheit und der Sinnenlust: Aphrodite, die Schaumgeborene. Stark, schön, mächtig und nur der Liebe verpflichtet. Wem sie sich zuwendet, der wird beschenkt mit den süßesten Gefühlen, von wem sie sich zurückzieht, der versinkt in schmerzvollem Trübsinn. Entsprechend wurden luststeigernde Geschenke der Natur Aphrodisiaka getauft. Ein ganz besonderes, in vielen Kulturen verehrtes Kraut ist Rosmarin, was übersetzt »Meerestau« bedeutet. Die alten Griechen sahen in dem wohlschmeckenden, duftenden Rosmarin *das* Geschenk ihrer Liebesgöttin an die Menschen. Und weil Rosmarin für seine positiven Wirkungen auf das Erinnerungsvermögen bekannt war, galt es als Symbol der Treue: »Möge er/sie unsere Liebe nie vergessen!« Ob es genutzt hat, bleibt Aphrodites Geheimnis, doch dass der Duft von Rosmarin die Gedächtnisleistung fördert, ist inzwischen wissenschaftlich bewiesen.

MEIN TIPP: Wenn Sie Bluthochdruck haben oder einfach keinen Kaffee mögen, bereiten Sie sich morgens einen kräftigen Rosmarin-Tee zu. Der wirkt wahre Wunder und macht nicht nur müde Männer munter.

EINSSEIN MIT MIR SELBST: Sinnliches für Momente der Geborgenheit

Verbundenheit

ELEMENTE
FEUER

ORGANE
HERZ UND DÜNNDARM

Safran-Reispudding

FÜR 2 PORTIONEN

2 EL Basmatireis

1 Msp. Safranfäden

1 EL Mandelsplitter

1 EL gehackte Pistazien

1 EL Ghee (oder 1 EL Sonnenblumenöl)

700 ml Mandelmilch

1 EL Rosinen

½ Vanilleschote

1 Prise Salz

1 Msp. gemahlener Kardamom

1 Prise Zimt

Den Reis 30 Minuten in Wasser einweichen, dann in ein Sieb abgießen. Die Safranfäden im Mörser zerkleinern. Mandelsplitter und Pistazien in einer beschichteten Pfanne ohne Fett goldbraun rösten.

Ghee (oder Öl) erhitzen. Den Reis hinzugeben und darin anschwitzen. Die Mandelmilch hinzugießen und alles unter Rühren aufkochen. Bei niedriger Hitze 1 Stunde köcheln lassen, dabei immer wieder umrühren.

Die Rosinen dazugeben, weitere 10 Minuten köcheln lassen Die Vanilleschote längs aufschneiden und das Mark herausschaben. Mit Salz, Safran und Kardamom zum Reis rühren. Auf Teller verteilen und mit Mandelsplittern, Pistazien und etwas Zimt bestreut servieren.

Süßkartoffel-Apfel-Kasserolle

Den Backofen auf 180 °C vorheizen, die Auflaufform einfetten.

Walnüsse hacken, Süßkartoffeln schälen und in dünne Scheiben schneiden. Die Äpfel waschen, halbieren, entkernen und in dünne Streifen schneiden

Süßkartoffeln und Äpfel gleichmäßig in der Form verteilen, dann die Sojamilch darübergießen. Mit Salz, Cayennepfeffer, Zimt und Kurkuma bestreuen und 45 Minuten backen.

Das Vollkornbrot zerbröseln und im erhitzten Öl in einer Pfanne braten. Die Nüsse hinzugeben und alles bei mittlerer Hitze weiterbraten. Den Auflauf mit Bröseln bestreut servieren.

FÜR CA. 4 PORTIONEN

3 EL Walnüsse

1 kg Süßkartoffeln

3 Äpfel

300 ml Sojamilch

je 1 Prise Salz, Cayennepfeffer, Zimt und Kurkuma

2 Scheiben Vollkorn-Sauerteigbrot

4 EL Sonnenblumenöl (oder 1 EL Margarine und 3 EL Öl)

AUSSERDEM:

Fett für die Form

RAFFINIERT ZUCKERFREI
im Herzen von Berlin

Als ich Mitte der 1990er Jahre in die Nähe des Potsdamer Platzes zog, war das Gebiet noch ödes Niemandsland. Doch innerhalb weniger Jahre schossen dort Hochhäuser namhafter Architekten aus dem Boden: Das neue Zentrum Berlins entstand. Da durfte ein entsprechendes Hotel samt Restaurant natürlich nicht fehlen. Und ich musste es sofort ausprobieren. Der Beginn einer inzwischen jahrzehntelangen Freundschaft zwischen dem *Vox* und mir.

Ich mag seine kreativen Gerichte aus regionalen Produkten mit internationalem Einfluss. Wenn ich dort esse, bekomme ich jedes Mal Inspirationen für meine eigenen »Kochkünste« … Aber das Beste: Das *Vox* und ich sind auch in Sachen Zucker auf einer Wellenlänge. Als mein Buch *Für immer zuckerfrei* erschien, erfuhr ich, dass man über ein Konzept mit anspruchsvollen, aber zuckerfreien Speisen nachdenke. Sofort war ich Feuer und Flamme. Ein Restaurant, das gesundheitsbewusst konsequent auf raffinierten Zucker verzichtet. Wie mutig und innovativ! Begeistert und überzeugt stand ich Küchenchef Florian Peters und seinem Team bei der Entwicklung des neuen Konzepts beratend zur Seite und unterstützte auch die Überlegung, mit Ersatzstoffen wie Birkenzucker zu arbeiten, weil das anfangs eine sinnvolle Maßnahme ist, um sich allmählich vom Zucker zu entwöhnen. Aber es steht auch immer mindestens ein komplett zuckerfreies Gericht auf der Speisekarte! Im Frühling zum Beispiel *Grüner Spargel, Artischocke, Büffelmilch und Wasserkresse* und im Herbst *Gelbschwanzmakrele, Karotte, Mandarine und Haselnuss*.

»Meinem Team und mir wird mit dem neuen Zubereitungskonzept die Möglichkeit eröffnet, unsere Kreativität neu zu entfachen«, schwärmt Florian Peters. »Neben dem Geschmackserlebnis können wir unseren Gästen nunmehr auch zu einem bewussteren Lebensstil verhelfen. Damit wird die ›banale‹ Lebensmittelaufnahme zu einem ganzheitlichen Wohlfühlkonzept.«

Klar, dass ich das Fotoshooting zu meinen *Glückrezepten* deshalb unbedingt in der *Vox*-Küche machen wollte …

Hanf-Cracker

FÜR 1 BACKBLECH

30 g Sonnenblumenkerne

30 g Sesamsaat

20 g geschälte Hanfsamen

20 g Leinsamen

1 TL gemahlenes Sellerieknollenpulver

1 Stängel glatte Petersilie

50 g Quinoamehl

1 EL Olivenöl

Salz

Pfeffer

1 Prise Kurkuma

Den Backofen auf 160 °C vorheizen. Ein Backblech mit Backpapier belegen. Sonnenblumenkerne, Sesamsaat und Hanfsamen vermischen und in einer beschichteten Pfanne ohne Fett goldgelb anrösten. 2 EL davon beiseitelegen.

Leinsamen, Sellerieknollenpulver und Petersilienblätter in der Küchenmaschine fein mixen. Mit Quinoamehl, Olivenöl und 150 ml Wasser zu den gerösteten Sonnenblumenkernen, Sesam- und Hanfsamen geben und verrühren. Die Mischung salzen und pfeffern und mit Kurkuma würzen.

Die Mischung dünn auf dem Backblech verteilen und glatt streichen. Mit den beiseite gelegten Kernen und Samen bestreuen. 30 Minuten backen, leicht abkühlen lassen und dann in die gewünschten Stücke brechen oder schneiden.

Dazu schmeckt:

Rucola Pesto

50 g Haselnüsse

1 Bund Rucola

2 TL Salz

1 Prise Pfeffer

3 EL Sonnenblumenöl

Die Haselnüsse in einer beschichteten Pfanne ohne Fett anrösten. Den Rucola putzen, fein hacken und in heißem Wasser blanchieren, dann abgießen und abtropfen lassen.

Alle Zutaten mit einem Standmixer fein pürieren.

Grilled Haferflocken

60 g Haferflocken

je 1 EL Cashewkerne und Erdnüsse

½ Chilischote

1 rote Zwiebel

1 Frühlingszwiebel

1 TL Rapsöl

1 Msp. Senfsamen

3 getrocknete Curryblätter

1 Msp. Kurkuma

25 g gekochte Erbsen

Salz · Pfeffer

1 TL Zitronensaft

1 Stängel Koriander

Die Haferflocken 15 Minuten in ca. 300 ml Wasser einweichen. Cashewkerne und Erdnüsse in einer beschichteten Pfanne ohne Fett anrösten, dann beiseitestellen.

Die Chilischote hacken, Zwiebel schälen und fein würfeln, die Frühlingszwiebel waschen, putzen und fein schneiden.

Das Rapsöl in einer Pfanne erhitzen. Senfsamen und die zerbröselten Curryblätter hinzugeben. Sobald die Senfsamen anfangen aufzuplatzen, Chilischote und Zwiebel dazugeben und glasig dünsten. Kurkuma und Erbsen hinzurühren und 2 Minuten erhitzen.

Die Haferflocken abgießen und mit den gerösteten Nüssen in die Pfanne rühren. Aufkochen und mit Deckel bei niedriger Hitze 15–20 Minuten köcheln lassen. Alles salzen und pfeffern, nochmals 2 Minuten ziehen lassen, dann mit Zitronensaft abschmecken. Auf Schalen verteilen und mit gehackten Korianderblättern garniert servieren.

In Liebe ENTBRANNT

Die gewöhnliche Brennnessel kann viel mehr, als uns bei der Gartenarbeit oder beim Querfeldeinspaziergang zu ärgern. Denn Brennnesselblätter sind reich an Vitaminen, Eisen, Kalium und Ameisensäure, sie enthalten Flavonoide und Histamin*, wodurch die körpereigene Abwehr gefördert wird. Und ob als Tee, Salat, Suppe oder Saft: Die Brennnessel regt nicht nur den Stoffwechsel an und hat eine harntreibende Wirkung, sie ist auch seit Jahrhunderten eine beliebte Heilpflanze bei Gelenkerkrankungen, weil sie entzündungshemmend wirkt.

Eine ganz besondere Kraft aber steckt in den eiweißreichen, leicht nussig schmeckenden Nesselsamen, die deshalb vor allem in Liebesdingen eingesetzt wurden. Ihre aphrodisierenden Eigenschaften – bei Männern steigern sie die Potenz, bei Frauen den Östrogenspiegel – bewogen die Kirche im Mittelalter sogar dazu, Nonnen und Mönchen den Verzehr von Nesselsamen zu verbieten. Das gemeine Volk hingegen konnte sich frei der wundersamen Wundersamen bedienen: Man koche sie zu einem Sud, versehe diesen mit einem magischen Spruch und gieße ihn auf die Schwelle des oder der Angebeteten. Möge er oder sie – simsalabim – in Liebe entbrennen!

* Bei nachgewiesener Histaminintoleranz sollte die Brennnessel daher nicht auf dem Teller landen, sondern im Garten bleiben.

Brennnessel-suppe

Zwiebel schälen und hacken. Kartoffeln schälen und klein würfeln. Karotten putzen, schälen und klein schneiden.

Die Zwiebel im heißen Olivenöl anbraten. Kartoffeln und Karotte dazugeben. So lange braten, bis alles weich ist, danach zu Brei stampfen. Brennnesseln, bis auf 2 Blättchen, fein hacken und dazugeben, dann Gemüsebrühe nach Konsistenzwunsch hinzugießen. Die Sojamilch unterrühren und die Suppe mit Salz, Pfeffer, rotem Pfeffer, Kurkuma und Majoran würzen. Auf Teller verteilen und mit je 1 Brennnesselblatt garniert servieren.

TIPP: Wenn Sie die Brennnesseln selbst pflücken: Am besten schmecken die Blätter im Frühjahr noch vor der Pflanzenblüte.

FÜR 2 PORTIONEN:

1 Zwiebel

8 mittelgroße Kartoffeln

1 Karotte

1 EL Olivenöl

1 großer Bund Brennnesseln

ca. 600 ml Gemüsebrühe

100 ml Sojamilch

Salz · Pfeffer

je 1 Prise süßer roter Pfeffer und Kurkuma

1 Msp. getrockneter Majoran

FÜR 2 PORTIONEN

150 g grüne Linsen
2 EL Sesamsaat
40 g Ingwer
1 Chilischote
2 Frühlingszwiebeln
2 Knoblauchzehen
250 g Rosenkohl
5 EL Olivenöl
1 l Gemüsebrühe
2 Kapseln Kardamom
1 Zimtstange
1 Radicchio
Salz
Pfeffer
1 EL Zitronensaft
1 Msp. süßer roter Pfeffer

Die Linsen in ausreichend Wasser bei mittlerer Hitze etwa 30 Minuten gar kochen. Dann abgießen und abtropfen lassen. Sesamsaat in einer beschichteten Pfanne ohne Fett goldbraun rösten.

Ingwer schälen und reiben. Die Chilischote entkernen und hacken. Frühlingszwiebeln waschen, putzen und fein schneiden, Knoblauch schälen und hacken. Rosenkohl waschen, putzen und die Röschen halbieren.

2 EL Öl in einem Topf erhitzen und darin Chili, Frühlingszwiebeln und Knoblauch mit dem Ingwer kurz anbraten. Den Rosenkohl dazugeben und alles bei mittlerer Hitze 5 Minuten braten.

Die Brühe in den Topf gießen. Den Kardamom andrücken und mit der in Stücke gebrochenen Zimtstange in einen Teebeutel geben und in die Brühe legen. Alles aufkochen und mit Deckel 15 Minuten köcheln lassen.

Radicchio putzen und klein schneiden. Ebenfalls in den Topf geben, weitere 5 Minuten köcheln lassen, dann den Teebeutel entfernen und die Linsen dazurühren. Die Suppe mit Salz, Pfeffer, Zitronensaft und rotem Pfeffer würzen. In Schüsseln anrichten und mit Sesam bestreut servieren.

DINNER

Ingwer-Rosenkohl-Suppe

Sweet Potatoe Brownie

FÜR CA. 8 STÜCK

- 2 EL geschroteter Leinsamen
- 350 g Süßkartoffeln
- 5 Datteln
- 1 TL Zimt
- 60 g geraspelte Haselnüsse
- 50 g Reismehl
- 3 EL Kakaopulver
- 25 g gehackte Walnüsse
- 1 Prise Salz

Den Leinsamen in einer Schüssel mit 4 EL Wasser verrühren. Abgedeckt 20 Minuten quellen lassen. Süßkartoffeln schälen, würfeln und in kochendem Wasser etwa 12 Minuten garen, anschließend abgießen.

Den Backofen auf 180 °C vorheizen. Eine Backform mit Backpapier auslegen. Die Datteln entsteinen. Süßkartoffeln mit den Datteln, Zimt und Leinsamen im Standmixer pürieren. Dann mit Mehl, Kakaopulver, Walnüssen vermischen und den Teig gleichmäßig in der Form verteilen.

30 Minuten backen, abkühlen lassen und in Stücke schneiden.

Artischocken mit Joghurt-Dipp

FÜR 2 PORTIONEN

4 Artischocken
1 Bund glatte Petersilie
300 g Sojajoghurt
Saft von 1 Zitrone
1 TL Senf
1 EL Olivenöl
Salz · Pfeffer

Die Stiele der Artischocken entfernen. Die Artischocken in einem ausreichend großen Topf in reichlich Wasser 45 Minuten gar kochen.

Für den Dipp die Petersilienblätter hacken. Mit Joghurt, Zitronensaft, Senf und Öl in einer Schüssel verrühren und mit Salz und Pfeffer abschmecken.

Die Artischocken aus dem siedenden Wasser heben, abtropfen lassen und auf Teller verteilen. Die Blätter abzupfen und in den Petersilienjoghurt dippen.

Kokos-Glückskugeln

FÜR 15 STÜCK

55 g getrocknete Cranberrys
25 g Walnüsse
50 g Kokoschips
40 g Haferflocken
2 Trockenpflaumen
150 g weißes Mandelmus
30 g Mandelmehl
1–2 EL Mandelmilch
50 g Kokosraspel

Cranberrys und Walnüsse fein hacken, Kokoschips zerbröseln und alles mit den Haferflocken vermischen.

Die Pflaumen hacken, in einer Schüssel zerdrücken und das Mandelmus dazugeben. Mandelmehl und 1–2 EL Mandelmilch, je nach Konsistenz, unterrühren. Mit feuchten Händen kleine Kugeln formen und diese in Kokosraspeln wälzen.

SICH GUTES TUN TUT GUT: Himmlische Schmankerl zum Trösten und Belohnen

Belohnung

ELEMENT
ERDE

ORGANE
MILZ UND MAGEN

Walnussbrot

FÜR CA. 30 SCHEIBEN (KASTENFORM 30 CM LÄNGE)

FÜR DEN TEIG:

1 Würfel Hefe

1 Prise Salz

250 g Walnüsse

600 g Vollkorn Dinkelmehl

AUSSERDEM:

1 EL Sonnenblumenöl für die Form

Die Hefe in 500 ml lauwarmes Wasser bröckeln. Das Salz hinzugeben. Alles mit einer Gabel verrühren, dann abgedeckt 20 Minuten ruhen lassen.

In der Zwischenzeit die Walnüsse hacken und in einer beschichteten Pfanne ohne Fett anrösten. 50 g beiseitelegen, den Rest mit dem Mehl zum Hefewasser geben. Alles gleichmäßig verkneten, dann abgedeckt an einem warmen Ort 2–3 Stunden gehen lassen.

Den Backofen auf 200 °C vorheizen. Eine Kastenform mit Öl einfetten und den Teig hineingeben, die übrigen Walnüsse darauf verteilen. 50 Minuten backen, dann aus der Form stürzen und auf einem Kuchengitter abkühlen lassen.

TIPP: Mama Zampounidis stellt immer 1 Tasse Wasser in den Ofen, damit das Brot schön knusprig wird.

Hirse-Crêpes

Die Eier in einer Schüssel schaumig schlagen. Ingwer schälen und fein reiben. Mit Hirsemehl, Mandelmilch, Zitronenschale und Salz zu den Eiern geben. So viel Wasser hinzugießen, bis ein dünner Teig entstanden ist. Abgedeckt 20 Minuten ruhen lassen.

Das Sesamöl in einer Pfanne erhitzen und bei mittlerer Hitze kellenweise Teig hineingeben. Von beiden Seiten goldbraun backen. Dann mit Zimt bestreut servieren.

TIPP: Dazu schmeckt Mandelmus und Apfelmus.

FÜR 10 STÜCK

2 Eier

1 kleines Stück Ingwer (ca. 2 cm)

400 g Hirsemehl

4 EL Mandelmilch

1 EL Schale von 1 unbehandelten Zitrone

1 Prise Salz

4 EL Sesamöl

1 Prise Zimt

Quinoa-Sushi

FÜR CA. 12 STÜCK

3 große Wirsingblätter

100 g Quinoa

1 EL Walnüsse

1 EL Sesamsaat

2 EL Sojasauce

2 EL Apfelessig

1 EL Walnussöl

100 g Rotkohl

1 orangefarbene Paprika

½ Salatgurke (geschält)

150–200 g pflanzlicher Aufstrich aus dem Glas (z. B. Rote-Beete-Aufstrich oder Paprikapaste)

AUSSERDEM:

Sushi-Bambusmatte

Sojasauce zum Dippen

Die Wirsingblätter in kochendem Wasser 1 Minute blanchieren, dann in Eiswasser abschrecken und anschießend mit einem Nudelholz oder Pfannenrücken platt rollen. Zum Trocknen auslegen.

Quinoa in reichlich Wasser gar (45 Minuten) kochen, dann in ein Sieb abgießen.

Walnüsse und Sesam in einer beschichteten Pfanne ohne Fett goldgelb anrösten, danach in einer Schale mit Sojasauce, Essig und Öl vermischen. Quinoa dazugeben und alles gut verrühren.

Rotkohl putzen, Paprika halbieren, putzen, Gurke schälen. Alles in feine Streifen schneiden. Auf jedes ausgebreitete Wirsingblatt 1 EL Aufstrich verstreichen und 1 EL Quinoa verteilen, dabei jeweils etwas Rand frei lassen. Gemüse auf den unteren Bereich der Blätter legen und diese mithilfe der Bambusmatte von unten aufrollen und dabei leicht andrücken.

Die Rollen in kleine Sushi-Stücke schneiden und mit Sojasauce servieren.

Gemüsepuffer

Für den Dipp die Cashewkerne am besten über Nacht, mindestens jedoch für 4 Stunden in kaltem Wasser einweichen. Abgießen, abtropfen lassen und mit 100 ml frischem Wasser, Zitronensaft und dem Apfelessig im Standmixer pürieren. In eine Schale füllen, Knoblauch schälen und hinzupressen und alles mit Salz und Pfeffer abschmecken. Schnittlauch in Röllchen schneiden und darüberstreuen.

Für die Puffer Kartoffeln schälen und halb gar kochen. Dann abgießen und abkühlen lassen. Karotten putzen, schälen und raspeln. Spinat waschen, putzen und fein hacken. Knoblauch schälen und fein hacken. Die Kartoffeln raspeln.

Alle Zutaten für die Puffer, bis auf das Sesamöl, in einer Schüssel gut verkneten. Mit angefeuchteten Händen aus der Masse Puffer formen und diese im heißen Öl von beiden Seiten goldbraun braten. Parallel dazu Sesamsaat in einer beschichteten Pfanne ohne Fett goldbraun rösten.

FÜR 2 PORTIONEN

FÜR DIE PUFFER:

500 g Kartoffeln

200 g Karotten

1 Handvoll Spinat

1 Knoblauchzehe

je 1 Msp. süßer roter Pfeffer, Kurkuma, Salz und Pfeffer

1 EL Johannisbrotkernmehl

3 EL Sesamöl

FÜR DEN DIPP:

100 g Cashewkerne

1 TL Zitronensaft

1 EL Apfelessig

1 Knoblauchzehe

Salz · Pfeffer

1 kleiner Bund Schnittlauch

AUSSERDEM: 1 EL Sesamsaat

Kürbissuppe

FÜR 4 PORTIONEN

300 g Hokkaido-Kürbis

2 Kartoffeln

3 Karotten

1 Zwiebel

30 g Ingwer

1 EL Rapsöl

500 ml Gemüsebrühe

Saft von 1 Zitrone

1 Msp. getrocknetes Basilikum

250 ml Kokosmilch

Salz

Pfeffer

je 1 Prise Cayennepfeffer und Currypulver

Den Kürbis putzen und in kleine Stücke schneiden. Kartoffeln und Karotten schälen, putzen und ebenfalls klein schneiden. Zwiebel und Ingwer schälen und fein hacken.

Das Rapsöl in einem Topf erhitzen. Die Zwiebel darin glasig dünsten. Kürbis, Kartoffeln, Karotten und Ingwer dazugeben. Ein paar Minuten unter Rühren weiterbraten, dann die Brühe angießen. Zitronensaft und Basilikum dazugeben und alles mit Kokosmilch auffüllen. 15 Min. bei mittlerer Hitze und geschlossenem Deckel köcheln lassen, pürieren, dann salzen und pfeffern und mit Cayennepfeffer und Currypulver würzen.

Treuer Holunder

Das althochdeutsche Wort *Holuntar* setzt sich zusammen aus holun (= heilig) und tar, was Baum oder auch Strauch heißt. Der Holunder, in Norddeutschland oft als Fliederbeerbusch, im süddeutschen Raum als Holler bezeichnet, blickt also offenbar auf eine lange Karriere als Heil- und Schutzpflanze des Menschen zurück. Tatsächlich schätzten schon die alten Römer und Griechen die Kraft seiner Wurzeln, Blätter und Beeren gegen Verschleimungen und bei Problemen der Galle. Und was der Galle guttut, freut bekanntlich auch die Leber und unseren Gefühlshaushalt (siehe Seite 20). Seit dem Mittelalter ist Holunder dank seiner antioxidativen, schweißtreibenden Wirkung ein beliebtes Mittel bei fiebriger Erkältung. Welches von Husten und Schnupfen geplagte Kind kennt ihn nicht, den heißen Holunderbeersaft, der eine so herrlich dunkelrote Zunge beschert?

Um den Holunder ranken sich etliche Mythen und Sagen. Die Kelten beispielsweise verehrten ihn als heiligen Baum, der für die Unendlichkeit des Lebens steht. Und auf germanischen Höfen wurden Holundersträucher, in denen, so glaubte man, der gute Hausgeist lebte, vor Haus und Stall gepflanzt, um Mensch und Tier vor Krankheit, Feuer und Sturm zu beschützen. Dass der Holunder auch als »Baum der Frau Holle« bezeichnet wird, ist nämlich kein Zufall: Holda – Kräuterkundigen besser als Holla, Märchenlesern als Frau Holle bekannt – war die Urmutter aller Götter in der germanischen Mythologie. Sie war gewissermaßen die Über-Hausfrau und Chefin des Hauses, der gute Hausgeist eben. (Komisch, dass meine Mama nicht Kleoniki-Holda heißt ...)

Mit der Christianisierung aber waren die Tage der Frau Holle gezählt, der heilige Nikolaus rückte an ihre Stelle – und schwups, schnitzte man aus dem holden Holunder, dem einstigen Symbol der Fruchtbarkeit, eine strafende Rute, und er wurde zum »Baum des Teufels«. Wahrscheinlich war die Äbtissin Hildegard von Bingen deshalb kein Holunder-Fan ...

Hier ein griechisches (völlig undiabolisches) Holundertee-Rezept

25 g Lavendel

25 g Augentrost

25 g Holunder

25 g Bergschafgarbe

1 EL der Teemischung mit 1 Tasse heißem, nicht mehr kochendem Wasser übergießen, höchstens 5 Minuten bei geschlossenem Deckel ziehen lassen.
Zum Wohl!

Nuss-Schoko-Creme

- 120 g Cashewkerne
- 150 g Medjoul-Datteln
- 2 EL Kakaopulver
- 200 ml Reismilch
- 1 Banane
- 1 Spritzer Zitronensaft
- je 1 Msp. Zimt und Salz

Die Cashewkerne hacken und in einer beschichteten Pfanne ohne Fett goldbraun rösten. Die Datteln entsteinen und würfeln. Beides mit Kakaopulver und Reismilch in einen Topf geben und aufkochen. Dann abkühlen lassen, in einen Standmixer umfüllen und cremig pürieren.

Die Banane schälen, 100 g Fruchtfleisch abwiegen und zerdrücken. In den Mixer geben und mit Zitronensaft, Zimt und Salz nochmals kurz pürieren.

Quinoa-Glückskugeln

FÜR 10 STÜCK

- 2 EL geschroteter Leinsamen
- 10 Trockenpflaumen
- 50 g gemahlene Mandeln
- 30 g Quinoa-Pops
- je 1 Prise Salz und Zimt

Den Leinsamen in einer beschichteten Pfanne ohne Fett rösten. Dann in eine Schale füllen.

Die übrigen Zutaten in einer Küchenmaschine zerkleinern. Wenn die Masse zu bröselig ist, etwas Wasser hinzugeben. Dann mit feuchten Händen daraus kleine Kugeln rollen und diese im gerösteten Leinsamen wälzen.

ANHANG
10 typische Zuckerfallen

1. Salatdressing im Restaurant. Die Alternative: Salat pur bestellen und selbst mit Olivenöl, Salz, Pfeffer und Zitronensaft abschmecken.

2. Sojasauce und Sushi-Reis im Restaurant.

3. »Zuckerfreier« (Kinder-)Ketchup, da dieser oft mit Dicksaft gesüßt wird.

4. Senf, da oft mit Industrie- oder Invertzucker gesüßt.
   Mittlerweile gibt es auch zuckerfreie Sorten.

5. Pflanzliche Milch, da nicht selten mit Maltodextrin oder Sirup gesüßt.

6. Dunkles Brot, da oft mit Zuckerkulör gesüßt bzw. gefärbt.
   (Bio)Bäckereien bieten inzwischen sehr leckere zuckerfreie Alternativen an.

7. Kaugummi, Hustenbonbons …
   Die sind immer mit Süß- oder Zuckeraustauschstoffen gesüßt.

8. Wurstaufschnitt – egal, ob verpackt oder an der Frischetheke –, da oft mit Glukose gesüßt.

9. Rotkohl, Sauerkraut, Gewürzgurken aus dem Glas.
   Es gibt kaum zuckerfreie Produkte.

10. Salzgebäck und Kartoffelchips.
    Inzwischen werden ein paar zuckerfreie Varianten angeboten.

Zucker hat viele Namen und Gesichter

Unter diesen Bezeichnungen verbirgt sich Zucker auf der Zutatenliste:

- Agavendicksaft
- Apfelsüße
- Dextrine
- Dextrose
- Fruchtdicksaft
- Fruchtextrakt
- Fruchtpüree
- Fruchtsaftkonzentrat
- Fruktose
- Gerstenmalz (-extrakt)
- Glukose
- Glukosesirup
- Glykogen
- Honig
- Inulin
- Invertzucker
- Isomaltulose
- Joghurtpulver
- Kandis
- Kokosblütenzucker
- Laktose
- Magermilchpulver
- Maltodextrin
- Maltose
- Malz(-extrakt)
- Molkenerzeugnis
- Oligofruktose
- Polydextrose
- Raffinade
- Raffinose
- Saccharose
- Süßmolkenpulver
- Tagatose
- Traubensüße
- Vollmilchpulver
- Weizendextrin
- Zuckerkulör

Hier noch die gängigsten englischen Begriffe für Urlaub und Geschäftsreise:

- barley malt
- cane juice crystal
- diastase
- fruit cane concentrate
- honey
- juice, z. B. cane juice
- karamell/caramel
- maltodextrin
- maltol
- nectar, z. B. agave nectar
- panela
- panocha
- sorghum
- sugar, z. B. cane sugar
- syrup, z. B. rice syrup
- treacle

Und natürlich wieder alles, was mit »ose« endet, z. B. sucrose.

Achtung Zuckerersatzstoffe!

- Acesulfam-Aspartam-Salz
- Acesulfam
- Aspartam
- Cyclamat
- Erythrit
- Isomalt
- Lactit
- Maltit
- Maltitol
- Mannit
- Saccharin
- Sorbit
- Stevia
- Steviolglykoside
- Sucralose
- Xylit
- Xylitol

Pflanzliche Hilfsmittel

Gegen Mattigkeit und Abgeschlagenheit:
- Ginseng
- Johanniskraut
- Rosmarin

Gegen Stress:
- Baldrian
- Feige
- Hafer
- Holunder
- Hopfen
- Johanniskraut
- Kamille
- Melisse
- Passionsblume

Gegen Einsamkeitsgefühle:
- Baldrian
- Johanniskraut
- Melisse
- Rosmarin

Gegen Angstgefühle:
- Baldrian
- Hopfen
- Johanniskraut
- Melisse
- Passionsblume

Gegen allgemeine Schwäche:
- Kiefer

Gegen Beklemmung:
- Weißdorn

Gegen Erschöpfung:
- Ginseng
- Passionsblume
- Rosmarin

Gegen Niedergeschlagenheit:
- Baldrian
- Hafer
- Johanniskraut
- Melisse
- Pfefferminze
- Rosmarin
- Salbei
- Veilchen

Gegen innere Unruhe:
- Johanniskraut

Gegen Neid- und Eifersuchtsgefühle:
- Baldrian
- Hopfen
- Johanniskraut
- Melisse
- Passionsblume

Aphrodisierend:
- Anis
- Basilikum
- Chili
- Fenchel
- Hafer
- Hanf
- Koriander
- Kreuzkümmel
- Muskatnuss
- Petersilie
- Rosmarin
- Vanille
- Zimt

Belebend:
- Aloe Vera
- Enzian
- Melisse
- Sanddorn
- Vanille

Beruhigend:
- Anis
- Baldrian
- Eisenhut
- Estragon
- Hopfen
- Kamille
- Lavendel
- Melisse
- Passionsblume
- Safran
- Spargel
- Thymian

Entspannend:
- Beifuß
- Kakao

Trink dich glücklich! Meine Lieblingstees

Ein paar Hinweise für den optimalen Effekt:

- Nehmen Sie immer Bio-Kräuter (z. B. aus der Apotheke)!
- Wenn nicht anders angegeben: Übergießen Sie die Teemischung mit heißem, aber nicht mehr kochendem Wasser; die Kräuter müssen gut mit Wasser bedeckt sein. Mindestens 10 Minuten bei geschlossenem Deckel ziehen lassen, danach abseihen.
- Täglich mindestens 2 Tassen warmen Tee trinken!

Mut-Trunk (Lebertee)

10 g Löwenzahn
2 g Beifuß
5 g Fenchel
4 Scheiben frischen Ingwer
5 g Mariendistel

Zutaten mit 1 Liter Wasser in einem Topf 15 Minuten einweichen lassen. Danach 20 Minuten auf kleiner Flamme köcheln. Abgießen.

Dosierung: 3 × täglich eine warme Tasse Mut-Trunk genießen.

ALTERNATIVE:

30 g Baldrianwurzel
25 g Johanniskraut
20 g Passionsblumenkraut
10 g Hopfenzapfen

2 Teelöffel der Teemischung pro Tasse.

Morgens und abends 1 Tasse Tee trinken, und zwar mindestens vier Wochen lang.

Liebevoll-Tee

40 g Baldrianwurzel
30 g Johanniskraut
15 g Passionsblumenkraut

1 gehäufter Teelöffel der Teemischung pro Tasse.

Freudenfeuer

25 g Frauenmantel
25 g Silbermantel
35 g Hopfen
35 g Leopardenblume

1 Esslöffel der Teemischung pro Tasse.

Vital-Trunk

15 g Taigawurzel
15 g Heidekrautblüten
10 g Baldrianwurzel
10 g grüner Hafer
10 g Melissenblätter

1 gehäuften Teelöffel der Teemischung pro Tasse.

Bei Bluthochdruck, Schwangerschaft oder Nierenerkrankung empfiehlt es sich, den Tee nur nach ärztlicher Rücksprache zu trinken.

ALTERNATIVE:

35 g Baldrian
15 g Fenchel
15 g Weißdorn
15 g Pfefferminze

1 Esslöffel der Teemischung pro Tasse.

5-Elemente-Ernährung

Hier die thermische Zuordnung einiger Hauptnahrungsmittel:

Kalte Nahrungsmittel
- Gurken
- Joghurt aus Kuhmilch
- Südfrüchte wie Ananas, Papaya, Melonen und Bananen
- Tomaten
- Mineralwasser

Erfrischende Nahrungsmittel
- Kuhmilchprodukte (außer Joghurt, siehe Kalte Nahrungsmittel)
- Obst (Äpfel, Beeren, Orangen)
- Olivenöl
- Paprika
- Pfefferminze
- Salate (alles außer Gurke, siehe Kalte Nahrungsmittel)
- Sauerkraut
- Spinat
- Tofu
- Weizen
- Zucchini

Neutrale Nahrungsmittel
- Getreide [außer Weizen (erfrischend) und Hafer (warm)]
- Hülsenfrüchte (außer Kichererbsen, erfrischend)
- Kartoffeln
- Kohl
- Nüsse
- Reis
- Rindfleisch
- Trockenobst

Warme Nahrungsmittel
- Hokkaidokürbis
- Kaffee
- Kakao
- Kurkuma
- Maronen
- Oregano
- Petersilie
- Rosmarin
- Schafskäse
- Süßkartoffel
- Thymian
- Wildfleisch
- Huhn

Heiße Nahrungsmittel
- Alkohol
- (Cayenne-)Pfeffer
- Knoblauch
- Lammfleisch
- Zimt
- Muskat

Rezepte

Glücklich essen statt verzichten

Anastasia Zampounidis
FÜR IMMER ZUCKERFREI
Schlank, gesund und glücklich ohne das süße Gift
224 Seiten
ISBN 978-3-431-03997-9

Anastasia Zampounidis ist trockener Sugarholic. Jahrzehntelang griff sie zu Süßigkeiten, wenn sie sich beruhigen, trösten oder belohnen wollte, und erweckte damit nur neuen Heißhunger. Dann ging sie auf Entzug, mit großartigen Folgen: Sie verlor Gewicht, fühlte sich ausgeglichener und fitter, zudem sieht die Endvierzigerin aus wie Anfang dreißig. Welche Folgen hat Konsum von Zucker also wirklich? Wie wirkt er, wo steckt er überall drin und wie nascht man ohne das süße Gift? Anastasia Zampounidis erzählt von ihrem Weg aus der Zuckerhölle, sie klärt über seine Wirkungsweise auf und verrät Tipps und Rezepte, die zuckerfrei glücklich machen.